U1021609

[期货投资者教育系列丛书]

线型低密度聚乙烯（LLDPE）

中国期货业协会　编

中国财政经济出版社

图书在版编目（CIP）数据

线型低密度聚乙烯（LLDPE）/中国期货业协会编．—北京：中国财政经济出版社，2011.11 （2023.9重印）
（期货投资者教育系列丛书）
ISBN 978－7－5095－3184－6

Ⅰ.①线… Ⅱ.①中… Ⅲ.①低密度聚乙烯－期货交易－基本知识 Ⅳ.①F830.9

中国版本图书馆CIP数据核字（2011）第209369号

责任编辑：贾延平　　　　责任校对：徐艳丽
封面设计：陈　瑶

中国财政经济出版社出版
URL：http：//www.cfeph.cn
E－mail：cfeph＠cfeph.cn

社址：北京市海淀区阜成路甲28号　邮政编码：100142
发行处电话：88190406　财经书店电话：64033436
北京财经印刷厂印刷　　各地新华书店经销
787×960毫米　16开　13.75印张　216 000字
2011年12月第1版　2023年9月北京第4次印刷
定价：33.00元
ISBN 978－7－5095－3184－6/F·2694
（图书出现印装问题，本社负责调换）
本社质量投诉电话：010－88190744

期货投资者教育系列丛书编委会

总 序 言

近年来，在党中央国务院的正确领导下，随着《国务院关于推进资本市场改革开放和稳定发展的若干意见》的深入贯彻落实，我国期货市场取得了稳步较快发展的良好局面。但是由于当前我国期货市场“新兴加转轨”的特征依然突出，市场制度和结构仍存在缺陷，风险防范和化解的自我调节机制尚未完全形成，市场主体发育不成熟，我国期货市场的整体波动和投机性仍较强，这些都对期货市场的改革发展提出了新的挑战。

与此同时，在新的市场环境和对外开放的条件下，随着我国期货市场规模的不断发展壮大，国内市场与国际市场的联系日趋紧密，影响期货市场运行的外部因素也更为多样化和复杂化，由美国次级债危机引发的国际金融市场动荡不安，国内外商品市场价格频繁而剧烈的波动，都增加了期货市场风险控制和日常监管的难度，给我国期货市场的稳定、健康的运行带来了新的挑战。

在这样一个新的形势下，期货市场的持续活跃和规范运作吸引了许多新的市场参与者，期货市场的开户数快速增长，特别是新入市的个人投资者比重较大且呈持续上升趋势。大宗商品和资产价格的频繁剧烈波动也使越来越多的企业开始意识到利用期货市场进行风险管理的重要性。但是由于对期货市场的交易特点和运行机制缺乏详细了解，同时风险意识淡薄，受期货高杠杆、高回报的诱惑，而忽视了期货的高风险特征，导致了非理性投资行为上升，产生了不必要的损失。投资者是期货市场的重要主体，期货市场的发展离不开投资者的积极参与，特别是成熟投资者的参与。因此，在当前我国期货市场的快速发展时期，做好投资者教育工作更加意义深远。

做好投资者教育工作，既是保护投资者合法权益，促进期货市场稳步发展的客观需要，也是加强我国期货市场建设、促进市场稳定运行的关键环节。持续不断地开展行之有效的投资者教育活动，使投资者了解期货高杠杆、高风险的特点，了解期货市场的产品及交易规则，减少投资者的盲目性，特别是牢固树立“买者自负”的风险意识，从而理性地参与期货交易，增强投资者的自我保护能力，才是对投资者最好、最有效的保护。同时，通过投资者教育，有助于投资者客观、正确地认识和参与期货市场，可以进一步促进培育诚实守信、理性健康的市场文化，促进期货市场功能的有效发挥和市场的平稳有序运行。期货市场的投资者教育工作任重而道远，是一项长期的、系统性的工程，需要持之以恒地开展下去。

近年来，围绕投资者教育工作，期货市场的监管部门、自律组织与中介机构都深入进行了形式多样、内容丰富和卓有成效的大量工作。由中国期货业协会组织编写的这一套《期货投资者教育系列丛书》就是协会按照中国证监会的统一部署，贯彻落实期货投资者教育工作的重要措施之一。该丛书作为期货市场第一套系统介绍我国上市期货品种的投资者教育普及读物和中国期货业协会期货投资者远程教育学院课程的基础性教材，以广大普通投资者为服务对象，兼顾了现货企业等专业机构的需求。本套丛书在体例上采取简单明了的问答体例，在语言上深入浅出，通俗易懂，可读性强。在内容上，丛书以“风险教育”为主线，不仅对国内上市的期货品种基本知识和交易规则进行了详细的介绍，更从期货品种相关的现货生产、加工、贸易和消费等产业链的各个环节对该产品的特性进行了系统的介绍，从而使得投资者能够得到更加全面、深刻的理解。同时，丛书还选取了大量包括套期保值、套利交易等典型实务操作案例，作为投资者了解和学习该产品的辅助材料，充分体现了丛书的实用性和可操作性特点。衷心地希望本丛书的出版能够为期货投资者了解期货市场，树立风险意识，理性参与交易提供有益的帮助。

姜　洋

2010 年 3 月

目　录

第一章 线型低密度聚乙烯基础知识

【本章要点】

本书是向广大投资者介绍如何参与线型低密度聚乙烯（以下简称LLDPE）期货交易的一本入门图书。与非石化产品分册有所不同，LLDPE属于石化中间体中的一种，且大多数投资者对石化中间体知之甚少。因此，我们在本章专门介绍有关LLDPE的概念和基本情况。

一、本书有何特色？

广大投资者对于以LLDPE作为原材料生产的产品并不陌生，包括包装膜、农膜、注塑产品、管材、电线、电缆等。

最近几年，我国期货市场发展迅速，且期货市场的价格发现功能和规避风险功能越来越多地被全社会所承认和接受。特别是在2008年全球爆发金融危机之后，我国的大多数企业都深刻地认识到参与套期保值的必要性。除了价格发现和规避风险的基本功能之外，期货投资交易工具实际上为企业提供了一种全新的选择，使用好期货这一投资工具能为企业提高竞争能力创造条件。因此，我们有理由相信：期货是一种投资工具，既可以被企业用于规避价格波动风险，也可以为企业提高竞争力创造条件。

然而，期货市场存在着风险也是客观事实。企业可以利用期货工具规避风险并不意味着期货市场可以消灭风险，而是企业将风险转移给了其他承接者。可以承接本身就意味着还可以将风险再次转移，如果能将风险分散转移，就可以降低风险的影响。

此外，期货市场的保证金制度既可以以小博大，也有放大风险的作用。关键是如何更好地运用保证金，在“以小博大”和“规避风险”之间进行平衡。我们认为：只要合理地管理好资金和控制好杠杆的使用程度，风险就会远离投资者。

二、什么是线型低密度聚乙烯（LLDPE）？

无论是说 LLDPE，还是说线型低密度聚乙烯，估计您都觉得陌生。其实，由于我们平常惯于模糊地把 LLDPE、HDPE、ABS 以及 PVC 等统称为塑料，并无单独区分，使我们忘却了它们各自准确的叫法。谈及塑料，大家或许都比较熟悉，它与金属有许多相同之处，都是现代生活中重要的工业原材料。塑料为我们提供了丰富的生活用品，如电脑配件、电话机、塑料袋、勺子、笔、饮料瓶等。图 1－1 是 LLDPE 的生产装置。

简单地讲，LLDPE 是塑料的一种，学名叫线型低密度聚乙烯（Linear Low Density Polyethylene），属于化工品聚乙烯的一类（见图 1－2）。它与国民经济和人民生活密切相关，也是一个国家工业现代化程度的重要标志之一。

LLDPE 是乙烯与少量高级 α－烯烃（如丁烯－1、辛烯－1、四甲基戊烯－1 等）在催化剂作用下，经高压或低压聚合而成的一种共聚物，无毒、无味、无臭，呈乳白色颗粒。与 LDPE（低密度聚乙烯）相比，LLDPE 具有强度高、韧性好、刚性强、耐热、耐寒等优点，还具有良好的耐环境应力开裂、耐撕裂强度等性能，并可耐酸、碱、有机溶剂等。

图 1－1 LLDPE 的生产装置

图 1－2 LLDPE 实物

聚乙烯主要包括三大类：低密度聚乙烯 LDPE、高密度聚乙烯 HDPE 和线型低密度聚乙烯 LLDPE。聚乙烯、聚丙烯、聚氯乙烯、聚苯乙烯、ABS（丙烯腈－苯乙烯－丁二烯共聚物，ABS 是 Acrylonitrile Butadiene Styrene 的首字母缩写）这五大通用树脂，构成了合成树脂行业的主体产品。

延伸阅读：材料与生活

早在一百万年以前，人类开始用石头做工具，标志着人类进入旧石器时代。大约一万年以前，人类对石头进行加工，使之成为精致的器皿或工具，标志着人类进入新石器时代。在新石器时代，人类开始用皮毛遮身。8000年前，中国人就开始用蚕丝做衣服；4500年前，印度人开始种植棉花，这些都是人类使用材料促进文明的重要标志。在新石器时代，人类已发明了用黏土成形，经火烧固化而成为陶器。陶器作为第一种人造材料结束了人类的石器时代，使人类从蒙昧时代进入野蛮时代。此后，人类发明了青铜器，从此人类进入冷兵器时代。之后铁器的发明又把人类文明向前推进了一大步。

从无机材料到有机材料的使用，人类文明又有了一次大的飞跃。塑料、橡胶、纤维等三大合成材料的不断创新与发展，使人类对皮革、木材、棉花和丝绸等自然材料的依赖性大大降低。在一些领域里，三大合成材料部分或大部分替代了金属、木材、石材等。

在人类的历史长河中，新材料不断创造着人类新的生活。

三、您知道 LLDPE 主要是用来做什么的吗？

对于 LLDPE，您可能很陌生，但保鲜膜和保鲜袋您一定再熟悉不过了，这些很大部分是用 LLDPE 制成的；又如给我们带来丰富的反季节瓜果蔬菜的大棚膜也是用 LLDPE 做的（见图 1－3）。

LLDPE 已渗透到聚乙烯的大多数传统市场，包括薄膜、模塑、管材和电线电缆。防渗漏地膜是新开发的 LLDPE 地膜，是一种大型挤出片材，用作废渣填埋和废物池衬垫，防止废物等渗漏到周围地区造成污染。LLDPE 的一些薄膜产品，例如生产袋子、垃圾袋、弹性包装物、工业用衬套、巾式衬套和购物袋，都是对这种树脂的强度和韧性改进后的产物。在透明薄膜领域，例如面包袋的生产领域，LDPE 一直占据主导地位，因为它有更好的浊度。然而，LLDPE 与 LDPE 的共混物可以改进强度、抗穿透性和 LDPE 薄膜的刚度，却不显著影响薄膜的透明度。注塑和滚塑是 LLDPE 最大的两个模

图 1 – 3　用 LLDPE 制成的农膜产品

塑应用。优越的韧性、耐低温和较强的冲击强度使得 LLDPE 适用于生产废物箱、玩具和冷藏器具。另外，LLDPE 的高抗环境应力开裂性使其适用于注塑与油类食品接触的模塑盖子、滚塑废料容器、燃料箱和化学品槽罐。LLDPE 的高破裂强度和抗环境应力开裂性使其在管材和电线电缆涂敷层应用领域也占有一席之地，但市场占有率相对较小。目前，LLDPE 的 65% ~ 70% 用于制作薄膜。在薄膜消费领域中，包装膜（见图 1 – 4）所占比重最大，约占 70%，农膜约占 30%。

从消费趋势来看，由于包装膜的需求相对增长较快，农膜的消费比例将会降至 20% 左右。随着 LLDPE 性能不断改善，其应用领域也将继续扩大，未来市场对 LLDPE 的需求增速将大大高于 LDPE 和 HDPE。

图 1－4　用 LLDPE 制成的包装膜产品

高压聚乙烯一半以上用于薄膜制品，其次是管材、注射成型制品、电线包裹层等；中、低压聚乙烯以注射成型制品及中空制品为主；超高压聚乙烯因具备超高分子聚乙烯优异的综合性能，可作为工程塑料使用。

四、LLDPE 的生产过程很复杂吗?

LLDPE 的生产线路主要有两条，一条源自原油：原油—石脑油—乙烯—聚乙烯—LLDPE。另外一条源自天然气：天然气—乙烯—聚乙烯—LLDPE。目前，LLDPE 主要采用石油路线（见图 1－5），中东地区的一些国家采用天然气路线，但所占比例较小。

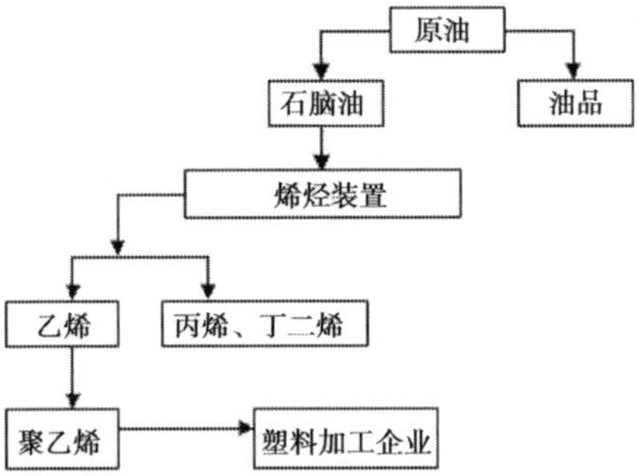

图 1－5　LLDPE 的石油生产路线

聚乙烯生产装置都是一体化装置，即工厂直接采购石脑油，通过一体化装置生产出乙烯和聚乙烯。而 LLDPE 则主要利用线型低密度装置或全密度聚乙烯装置进行生产，具有代表性的生产工艺为 UCC 的气相法和加拿大杜邦的溶液法。不同生产工艺产生的成本和质量是有差异的。气相法工艺的装置一般由四部分组成：单体净化、聚合反应、树脂脱气和树脂造粒。溶液法一般由三部分组成：聚合、后处理和溶液回收。

在实际的生产经营中，一套生产装置不可能始终生产一个牌号，通常会根据市场需求进行切换。切换牌号时，反应器越大，停留时间越长，更换催化剂越多，不同牌号的过渡料就越多，为切换而损失的操作时间也就越长，成本上升的幅度就越大。这种情况下，气相法料粒的成本升高幅度相对较大。

从生产流程可以看出，原油、石脑油以及乙烯是 LLDPE 的上游原料，它们的价格波动将会直接影响到聚乙烯（PE），包括 LLDPE 的价格变化，这种影响作用主要由成本驱动。由于从原油到 LLDPE 存在多个生产环节，原油对 LLDPE 的影响往往具有时滞性。另外，一体化装置的使用也决定了对聚乙烯成本影响最大的是石脑油，而非乙烯单体。

五、LLDPE 的流通方式与价格变动有何特点？

我国 LLDPE 生产主要集中在中石油和中石化两大集团，且建立了各自的分销体系。由于供给集中，国内石化企业在市场价格方面有较强的影响力。以中石化为例。中石化通过成立统一的销售公司，增设“异地库”以及与一级经销商签订销售协议来配合其全国统一定价，巩固了其市场地位，实现了对 LLDPE 出厂价格的较强控制能力，并对市场价格产生影响。“合同户”销售制度使得只有签订购销合同的贸易商或用户才能成为中石化的一级经销商。无论 LLDPE 价格如何，作为中石化的经销商，必须每月保持稳定的购货量并严格履约，否则将被解除一级经销商资格。因此，一级经销商成为了中石化定价策略的被动接受者，LLDPE 销售也形成了寡头垄断的格局。

国内石化企业利用其 LLDPE 生产格局及产销策略，最终促使 LLDPE 价格与国际原油价格之间形成了快速跟涨、滞后跟跌且幅度收窄的关系，并将原油价格的波动风险转移至合同户以及下游消费厂商。

虽然中石化和中石油可以通过销售政策和调节库存来应对市场，但仍不具备完全影响价格的能力。除了需求之外，LLDPE 的价格还会面临进口料的冲击，以及贸易商库存水平的影响。如果贸易商库存水平偏低，两大集团影响价格的能力就会上升。反之，若贸易商库存水平较高，则两大集团影响价格的能力将会下降。垄断终究敌不过供求关系。

六、国际市场LLDPE销售体系及定价方法是怎样的?

目前，国际市场上LLDPE的定价方式主要是，国外生产厂家根据亚洲地区的供需状况发布到我国港口的CIF报价（成本加保险费加运费的报价），国内企业只能被动接受，并无太多的谈判能力。

从销售体系看，销售模式主要分为欧美模式和日本模式（见图1-6）。前者通过世界各地的分销机构销售产品，中间贸易环节较少，主要依赖直销。价格由生产商和消费企业根据各自的成本和利润商定，这种模式的有利之处是上下游结合紧密。后者则是通过贸易商在世界各地建立分销机构，实现产品销售。大量贸易商的存在不是为了本国销售，主要是为了开拓海外市场，增大出口。

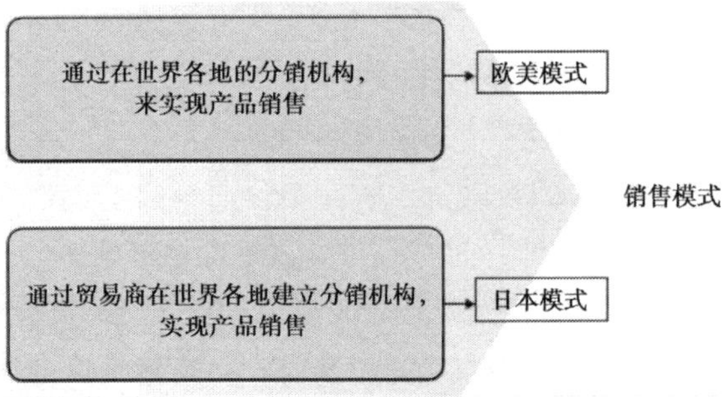

图1-6　国外聚乙烯（PE）销售模式

七、国内LLDPE销售体系及定价方法有何特点?

2005年7月，中石化借助自身的优势，专门成立了统一的销售公司，并通过增设“异地库”以及与一级经销商签订销售协议来配合其全国统一定价，巩固其市场地位。

中石化通过销售公司和分公司来实现 LLDPE 产品的销售。目前，LLDPE产品大约有 80% 是分销，20% 是直销。在中石化销售公司与国内的终端用户之间，存在着大量的经销商和贸易商。价格由销售公司总部制定，采取和经销商买断的形式。贸易商在市场上的售价与中石化无关，款到发货，月底结算，多退少补。为了避免产品从消费地流向生产地，通常消费量大的地区定价相对较高，华东地区的定价就比较高。

在目前以分销和买断为主的销售体制下，一旦价格大幅下跌，中石化往往较为被动，可能有部分代理商无法履约。为了解决上述问题，中石化计划逐渐加大直销比例，特别是对大型终端用户，更要加强直销方式。

中石油目前的定价体制与中石化类似，也是采取买断制，由销售公司制定销售政策和定价，由分公司完成销售和配送，并提供技术服务。

总体来说，LLDPE 价格制定是一个复杂的系统。库存水平、装置检修计划、故障或事故、贸易商经营状况、进口、国际市场价格等因素都会对国内的 LLDPE 价格产生不同程度的影响（见图 1－7）。

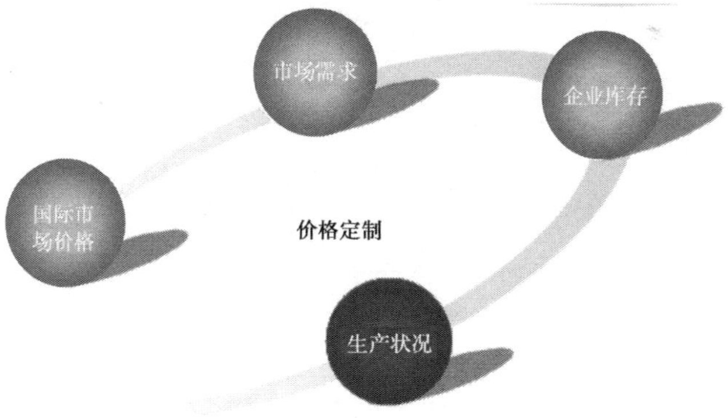

图 1－7 LLDPE 价格制定参考体系

另外，LLDPE 期货市场对现货市场价格的影响也越来越大。自 LLDPE 期货在大连商品交易所（简称大商所）上市交易以来，特别是 2008 年 6 月份以来，期货市场交易量迅速增长。其结果是 LLDPE 期货的价格发现作用日益明显，影响力日渐提升。到目前为止，LLDPE 期货市场的价格走势已经成为产业链各环节关注的焦点，对两大集团定价模式的影响逐渐显现。

八、全球 LLDPE 的生产、消费和贸易状况如何？

世界 LLDPE 产能主要集中在北美、亚洲、西欧和中东地区。其中，中东是产能增长最快的地区。分国家看，美国、沙特阿拉伯、加拿大、中国和巴西位居世界产能的前五名，五国产能之和约占世界总产能的 50%。

2001 年世界 LLDPE 的生产能力约为 1780 万吨，2005 年世界 LLDPE 的生产能力约为 3081 万吨，2006 年达 3246 万吨，同比增长 5.3%，其中全密度生产装置占 60% ~70%。根据各国产能扩建计划，2006 ~2009 年间世界 LLDPE 产能将增加 675.1 万吨/年，年均增长率为 6%。2008 年世界新增 LLDPE 产能 79.4 万吨（其中中东 52 万吨），2009 年世界新增 LLDPE 产能 414 万吨（其中中东 369 万吨），随着中东新增产能的释放，其低廉的成本将对东北亚、东南亚及欧美市场形成巨大的冲击（见图 1 -8）。

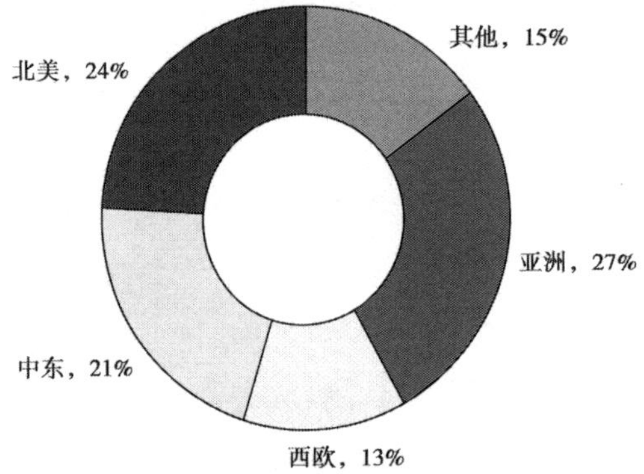

图 1 -8　2009 年世界主要地区 LLDPE 产能比例图

2003 年世界 LLDPE 消费量为 1370 万吨，2009 年为 1802 万吨，2003 ~2009 年世界 LLDPE 消费量年均增长率约为 4.67%。

2001 年世界 LLDPE 贸易总量为 604.9 万吨，2009 年达 1050.9 万吨。2001 ~2009 年，世界 LLDPE 进口量年均增长率为 8.60%，出口量年均增长率为 7.15%。全球 LLDPE 进出口地区分布很不平衡。2009 年，从进口情况看，亚洲和西欧是全球最大的LLDPE进口地区，北美地区下降较多；从出口情况看，中东和西欧为全球最大的LLDPE出口地区，北美地区增长也较为迅速；从全球LLDPE贸易平衡看，亚洲和西欧为净进口地区，中东是全球最大的净出口地区。统计资料显示，加拿大和沙特阿拉伯是目前全球最大的LLDPE出口国，而中国则为全球最大的LLDPE进口国。

九、我国LLDPE生产、消费和贸易状况如何？

2009年，我国LLDPE产能为325万吨，产量为310.5万吨，消费量约为530万吨，进口约为220.09万吨，供需缺口较大。2010年我国LLDPE产能增至400.5万吨，产量为377万吨，消费量为625万吨，进口量约为233万吨（见图1-9）。

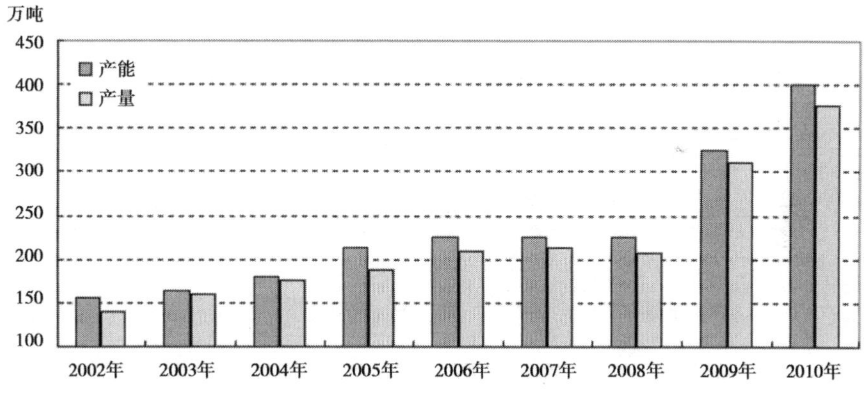

图1-9 2002~2010年我国LLDPE产能和产量

资料来源：卓创资讯、南华期货。

从我国产能分布地区看，呈现南轻北重局面。广东等华南地区产能占总产能的25.8%，东北地区占总产能的12.8%，华东地区占27.9%，华北地区占21.7%，西北地区占11.8%。

由于国内市场需求强劲，国内产能不足，近年来，我国LLDPE进口增长较快，目前我国LLDPE对外依存度为40%。随着国内产能的大幅提升，未来我国 LLDPE 进口增幅总体上将呈明显的下降趋势。但由于国内消费增长迅速，今后相当长一段时期内，我国进口绝对量将维持在较高水平。我国 LLDPE 出口量很小，2003 年以来年均出口量不足 6000 吨。

2009 年，我国从 45 个国家和地区进口 LLDPE。其中，从美国和沙特阿拉伯进口的 LLDPE 占比最大，进口量分别为 31. 8 万吨和 38. 1 万吨，几乎占了我国 LLDPE 进口量的 1/3。从主要进口国沙特阿拉伯、新加坡、韩国、加拿大和美国五国进口 LLDPE 的总量为 149. 8 万吨，占我国 LLDPE 进口总量的 74% 。

我国进口 LLDPE 的地区主要集中在华南、华东和环渤海地区。2009 年，我国进口 LLDPE 的省、市、自治区共有 25 个，其中进口 10 万吨以上的省市有 6 个，上海市的进口量遥遥领先，达 73. 3 万吨。2006 年我国进口 LLDPE 的海关共有 28 家，其中上海、天津、黄埔、深圳和青岛五家海关的入关量之和为 175. 2 万吨，占全国入关总量的 79. 1% 。

十、我国 LLDPE 生产集中度高吗?

我国 LLDPE 生产开始于 1986 年，目前已经成为全球第四大 LLDPE 生产国。我国生产 LLDPE 的主要厂家有 15 家，集中在中石化和中石油两大集团，其产能与产量分别约占全国 LLDPE 总产能和总产量的 87% 和 88% 。其中，中石化是我国最大的 LLDPE 生产供应商。可见，我国 LLDPE 生产能力相当集中。

全球主要聚乙烯及 LLDPE 生产商（见表 1－1、表 1－2）

表 1－1　　世界十大聚乙烯生产商

厂商	产能	厂商	产能
陶氏化学	755 万吨	中国石化	222 万吨
埃克森美孚	662 万吨	台塑 Formosa	212 万吨

续表

厂商	产能	厂商	产能
雪佛龙菲利普	298 万吨	英国石油阿莫科 BP	193 万吨
沙特萨比克	245 万吨	道达尔菲纳埃尔夫	156 万吨
北欧化工 borealis	236 万吨	美国莱昂戴尔化学	134 万吨

表 1-2　　世界十大 LLDPE 生产商

名次	厂商（LLDPE）	名次	厂商（LDPE）	名次	厂商（HDPE）
1	陶氏化学	1	陶氏化学	1	埃克森美孚
2	埃克森美孚	2	埃克森美孚	2	台塑
3	诺瓦化学	3	北欧化工	3	道达尔
4	埃尼	4	中国石化	4	索尔维
5	中国石化	5	埃尼	5	莱昂戴尔
6	BP	6	SABIC	6	雪佛龙
7	韩华	7	道达尔	7	康菲石油
8	SABIC	8	壳牌	8	BP
9	信任工业	9	巴斯夫	9	壳牌
10	三井化学	10	莱昂戴尔	10	陶氏化学

十一、国内 LLDPE 消费主要集中在哪些区域？

我国 LLDPE 消费具有明显的地域性，主要集中在：以辽宁、河北、山东、北京、天津等省市形成的“环渤海湾消费区”；以安徽、江苏、浙江、上海等省市形成的“长三角消费区”；以广东、深圳等省市形成的“珠三角消费区”，呈南北并进之势，南部略重。华东地区是国内 LLDPE 最大消费地区，2009 年消费量占全国总消费量的 33.2%；其次为华南地区，约占全国消费总量的 25.2%；华北地区排在第三，占 17.2%；东北地区居第四，占 16.2%；西北地区占 8.2%。从增速来看，西北地区是消费增长最快的地区，但由于中西部地区交通状况和经济基础的局限性，目前这种地域分布状况在短时间内还是很难改变的。

从增速来看，中西部地区增长略高，仅次于华南地区。随着中西部大开发的展开，内陆地区的消费比重将进一步加大，但由于中西部地区交通状况和经济基础的局限性，目前这种消费格局在短时间内还将延续。

全球 LLDPE 供需平衡状况

从全球生产与消费情况分析，目前 LLDPE 在全球范围内供求基本平衡（见表 1－3），但由于生产地区与消费地区的不同，存在国家（地区）之间的贸易流和价格差。

表 1－3　　全球主要国家和地区 LLDPE 供需平衡表　　单位：万吨

国家和地区	2006 年			2011 年			2006～2011 年均消费增长率（%）
	产能	产量	消费量	产能	产量	消费量	
加拿大	343.8	190.0	58.2	343.8	191.0	64.7	2.1
墨西哥	30.0	8.0	37.4	30.0	29.0	47.1	4.7
美国	687.8	387.7	403.4	687.8	379.0	473.5	3.2
小计	1061.6	585.7	499.0	1061.6	599.0	585.3	3.2
中/南美	214.0	97.3	113.0	226.0	107.8	143.8	4.9
西欧	537.2	256.0	320.0	518.7	282.5	387.5	3.9
中/东欧	142.5	7.0	30.2	205.5	37.0	54.7	12.6
非洲	72.5	32.5	26.5	102.5	39.5	32.6	4.2
中东	538.0	248.0	68.4	894.5	485.4	107.7	9.5
中国	291.7	231.9	392.4	720.2	407.2	646.4	10.5
日本	134.4	89.2	78.7	134.4	93.0	82.8	1.0
亚洲其他	549.1	281.7	236.0	622.8	343.3	378.0	9.9
小计	975.2	602.8	707.1	1477.4	843.5	1107.2	9.4
大洋洲	22.7	10.0	17.0	22.7	10.0	19.4	2.7
合计	3563.7	1848.3	1781.2	4508.9	2404.7	2438.3	6.5

十二、LLDPE 投资者还应该了解哪些信息?

对 LLDPE 价格构成影响的所有因素都是投资者应该关注的信息。首先，经济增长决定着商品走势的大环境，而 LLDPE 属于工业原材料，其需求增长与国内生产总值（GDP）增长正相关。其次，自身的供需情况决定了其在大环境里能攀升的高度，过于宽松的供求状况对行情发展是一种制约，而供求偏紧则有助涨的作用。最后，期货市场的投机力量、客户结构也值得关注。LLDPE 期货的波动性较大，对投机资金颇具吸引力，因而，在某些阶段，除了基本面状况，投机力量推波助澜的作用不可小觑。

要了解 LLDPE，既要了解宏观经济形势和政策动向，又要了解行业的供应、需求、进出口、开工率、库存、盈利状况、季节性变动、行业政策等。同时，LLDPE 已是期货市场的一个成熟品种，资本市场的运行规律对其也有重大影响。

十三、有哪些产业政策会对 LLDPE 期货产生影响?

相关产业政策必将对我国 LLDPE 的供需格局产生影响，进而对期货市场价格产生影响。在通常情况下，期货市场对相关政策的反应较为敏感。随着行业的不断发展，原有的产业政策也需要进行相应调整，或者需要推出新的产业政策。政策的出台和调整涉及的范围可能很广，难以一一罗列，这里主要对近几年的相关产业政策进行梳理。

（一）进出口关税政策

作为保护民族工业的一种重要手段，进出口关税水平及其变化都会对 LLDPE 的价格产生影响。关税的存在能够在一定水平上改变商品成本，进而影响销售数量。例如，当进口关税较高时，一方面提高了进口商品的成本，另一方面，还会起到减少国内总供应的作用。两种作用的叠加，将对国内市场价格构成支撑。与此相反，出口关税的存在，相应提高了出口商品的销售成本，而成本的上升也会起到抑制出口的作用，并进而对国内的供需平衡状况产生影响，给价格带来向下的压力。

由于 LLDPE 的主要用途之一是生产农业地膜等农资产品，出于对农民的政策补助，2005 年我国对 LLDPE 的进口关税下调至 6.5%，远低于 LDPE 和 HDPE。该政策在当时刺激了我国 LLDPE 的进口，导致 2005 年 LLDPE 的进口总量较 2004 年大幅增长了近 50%。这一增长趋势在北方港口尤为明显。2009 年，中国与东盟之间开始执行自由贸易协定，来自东盟的 LLDPE 关税降至 0 ~ 5%（其中新加坡的税率为 0，其余国家为 5%），极大地刺激了该地区向中国出口 LLDPE。

（二）出口退税政策

2007 年国家税务总局发出第 90 号通知：从 2007 年 7 月 1 日起，塑料及其下游制品（税则号 3901 – 3926）的出口退税率降低到 5%。2008 年下半年以来，针对外需回落，中国又先后五次上调出口退税率，意在推动塑料制品出口。2010 年 6 月 22 日，财政部发出通知称，自 2010 年 7 月 15 日起取消部分钢材、医药、化工产品、塑料制品、有色金属加工材料等商品的出口退税。上述出口退税率的变化都在不同程度上对我国的 LLDPE 出口产生了影响，特别是取消出口退税的政策，曾对下游行业引起了不小的震动。

（三）产业政策

相关产业政策亦是价格调节的一种重要手段。2008 年，国务院办公厅下发了《关于限制生产销售使用塑料购物袋的通知》。通知规定，从 2008 年 6 月 1 日起，在全国范围内禁止生产、销售、使用厚度小于 0.025 毫米的超薄塑料购物袋，且所有超市、商场、集贸市场等商品零售场所向消费者有偿提供塑料购物袋。短期来看，该政策的出台对 LLDPE 价格是一种打压，但有利于行业的长期和健康的发展，特别有利于优化产业结构、优化产业升级。这实际上是一个长期利多的举措。

（四）税收政策

LLDPE 上游原料税收政策的转变对下游 LLDPE 的价格也会造成相当大的影响。

2009 年 8 月 12 日，财政部、海关总署、国家税务总局联合发布《关于进口石脑油消费税先征后返有关问题的通知》。通知明确，2009 年 1 月 1 日至 2010 年 12 月 31 日期间，进口用作乙烯、芳烃类产品原料的石脑油已缴纳的进口环节消费税予以返还。国家税务总局 2008 年 4 月 30 日印发了《石脑油消费税免税管理办法》的通知。该办法中规定，进口石脑油和国产用作乙烯、芳烃类产品原料的石脑油免征消费税。时隔不久，石脑油进口环节消费税就由免税改成先征后返。由于石脑油处于产业链的最上游，用它作为原料的乙烯、丙烯、丁二烯、苯、甲苯、二甲苯广泛应用于塑料、电子器件和包装材料等产品，对于石脑油已缴纳的进口环节消费税予以返还，等于间接降低了下游产品的生产成本，这对于塑料、电子器件和包装材料的出口起到了重要作用。

此外，有些政策虽然不是直接针对聚乙烯行业的，但由于产业之间存在着关联性，这些政策也会对聚乙烯行业产生影响，如汽车和房地产行业的政策等。

出口退税

出口退税是指对出口商品已征收的国内税部分或全部退还给出口商的一种措施，这也是国际惯例。1994 年 1 月 1 日开始施行的《中华人民共和国增值税暂行条例》规定，纳税人出口商品的增值税税率为零，对于出口商品，不但在出口环节不征税，而且税务机关还要退还该商品在国内生产、流通环节已负担的税款，使出口商品以不含税的价格进入国际市场。根据我国增值税暂行条例规定，企业货物出口后，税务部门应按照出口商品的进项税额为企业办理退税。由于税收减免等原因，商品的进项税额往往不等于实际负担的税额。如果按出口商品的进项税额退税，就会产生少征多退的问题，于是就有了计算出口商品应退税款的比率——出口退税率。

十四、我国推出 LLDPE 期货的意义？

LLDPE 是石化产业链中重要的产品之一，是塑料制品的基础原料，在我国化工产业中占有重要地位。随着我国经济的不断发展，LLDPE 的消费量还将不断增长。作为全球最大的 LLDPE 进口国和第二大消费国，推出 LLDPE 期货，对于企业经营、相关产业发展和争取国际定价话语权都具有重要的意义。

目前，国内进口 LLDPE 的定价方式是，国外生产厂家根据亚洲地区的供需状况，提供到我国港口的（CIF）报价（成本加保险费加运费的报价）。大多数情况下，国内企业只能被动接受，并无太大的议价能力。此外，国际上还没有形成具有影响力的 LLDPE 定价中心。因此，大连商品交易所的 LLDPE 期货将有望成为“中国价格”，进而对亚洲乃至全球定价产生影响。

LLDPE 期货还为相关生产商、中间贸易商、下游加工企业和最终消费者提供一种避险的工具。借助 LLDPE 期货交易，相关参与方能够通过在现货市场和期货市场进行对冲（相反）操作，有效地转移和分散风险，避免或降低不利的价格波动带来的损失，从而为企业的生产和经营活动保驾护航。

此外，LLDPE 期货市场的价格发现功能正在逐步得到发挥。到目前为止，LLDPE 期货市场的价格走势和交易数据已经成为现货市场参与者的重要参考指标。

十五、全球还有哪些国家推出了 LLDPE 及塑料期货？

2005 年 5 月 27 日，伦敦金属交易所（LME）率先推出了线型低密度聚乙烯（LLDPE）和聚丙烯（PP）两个塑料期货合约。同年 8 月，印度孟买大宗商品交易市场（MCX）也推出了 PP 和高密度聚乙烯（HDPE）的期货合约。自 LLDPE 期货上市以来，伦敦金属交易所为适应投资者需要和扩大市场份额，曾对其合约进行了必要的调整。2007 年 6 月 25 日，伦敦金属交易所在其原有的全球性合约的基础上，又推出了 3 种地区性塑料期货合约，投资者可以进行欧洲、北美和亚洲三种独立的塑料合约买卖。这些合约与伦敦金属交易所原有的 PP 和 LLDPE 全球性合约共同交易，而三种地区性合约将分别反映欧洲、北美和亚洲的价格，较好地满足了地区性投资者的套期保值需求。

伦敦金属交易所分别在荷兰、比利时、新加坡和美国拥有34个塑料期货交割库。上述交割库分别由9个公司所拥有，为伦敦金属交易所的塑料期货合约提供全球化的交割覆盖服务，为改善其塑料期货的流动性作出了贡献。其中，安特卫普、休斯敦和新加坡是全球三大塑料用合成树脂的现货流通中心和价格形成中心。

自　测　题

一、单选题

1. LLDPE是(　　)的英文缩写。

A. 线型低密度聚乙烯　　B. 高密度聚乙烯

C. 低密度聚乙烯　　D. 聚丙烯

2. 以下(　　)品种的合约已经在大连商品交易所上市交易。

A. LDPE　　B. HDPE

C. LLDPE　　D. PP

3. LLDPE消费占比最大的是(　　)。

A. 注塑　　B. 薄膜

C. 滚塑　　D. 管材

4. 我国是LLDPE第(　　)大的进口国。

A. 一　　B. 二

C. 三　　D. 四

5. 我国是LLDPE第(　　)大消费国。

A. 一　　B. 二

C. 三　　D. 四

6. LLDPE其中一种生产流程是源自(　　)，另一种是源自天然气。

A. 石脑油　　B. 聚乙烯

C. 原油　　D. 乙烯

7. (　　)不是LLDPE的上游原料。

A. 石脑油　　B. 聚乙烯
C. PVC　　D. 乙烯

8. 国内 LLDPE 价格波动与国际原油价格之间有(　　)关系。
A. 跟涨滞后，跟跌快且幅度放大
B. 跟涨滞后，跟跌快且幅度收窄
C. 跟涨快，跟跌滞后且幅度放大
D. 跟涨快，跟跌滞后且幅度收窄

二、多选题

1. LLDPE 是一种聚乙烯，聚乙烯主要包括(　　)大类。
A. 低密度聚乙烯 LDPE　　B. 高密度聚乙烯 HDPE
C. 线型低密度聚乙烯 LLDPE　　D. 聚丙烯 (PP)

2. 我国 LLDPE 进口地区主要集中在(　　)。
A. 华南地区　　B. 华东地区
C. 华北地区　　D. 东北地区

3. LLDPE 期货投资者还应该了解(　　)信息。
A. 经济增长　　B. 自身供需面
C. 期货投机力量　　D. 客户结构

4. 以下(　　)产业政策或数据会对 LLDPE 期货产生影响。
A. 进口关税　　B. 出口退税
C. 税收政策　　D. 出口关税

5. 2005 年 5 月 27 日，LME 率先推出了(　　)两个塑料期货合约。
A. 线型低密度聚乙烯 (LLDPE)　　B. 高密度聚乙烯 (HDPE)
C. 低密度聚乙烯 (LDPE)　　D. 聚丙烯 (PP)

6. 我国推出 LLDPE 期货的意义在于(　　)。
A. 为中国相关企业经营以及产业发展争取国际定价话语权具有重要意义
B. 为相关生产商、中间贸易商、下游加工企业和最终消费者提供完善的规避价格风险的工具
C. 保障化工产业的稳定发展

D. 降低 LLDPE 价格

7. 2005 年 8 月，印度孟买大宗商品交易市场（MCX）推出了(　　)期货合约。

A. 线型低密度聚乙烯（LLDPE）

B. 高密度聚乙烯 HDPE

C. 低密度聚乙烯 LDPE

D. 聚丙烯（PP）

三、判断题

1. 目前，我国 LLDPE 消费比重最大的地区是东北地区。(　　)

2. 我国 LLDPE 消费主要集中在环渤海湾、珠三角以及长三角等区域。(　　)

3. 我国已经成为全球第一大 LLDPE 生产国。(　　)

4. 我国 LLDPE 生产主要集中在中海油和中石化，其中，中石化是我国最大的 LLDPE 生产供应商。(　　)

5. 2007 年 6 月 25 日，LME 在其原有的全球合约的基础上，又推出了三种地区性塑料期货合约，投资者可以进行欧洲、北美和亚洲三种独立的塑料合约买卖。(　　)

参考答案

一、单选题

1. A　2. C　3. B　4. A　5. B　6. C　7. B　8. D

二、多选题

1. ABC　2. ABCD　3. ABCD　4. ABCD　5. AD
6. ABC　7. BD

三、判断题

1. ×　2. √　3. ×　4. ×　5. √

第二章 国内线型低密度聚乙烯期货市场及相关制度

【本章要点】

本章主要介绍了 LLDPE 期货市场的基本知识、相关特性、投资者参与 LLDPE 期货交易应该注意的问题以及投资者如何获利等。在投资者参与 LLDPE 期货交易之前应该认真阅读本章，为参与期货交易和控制风险做好充分准备。

一、什么是 LLDPE 期货市场?

期货市场是进行期货交易的场所，是多种交易关系的总和，是在现货基础上发展起来的一种高度组织化和高度规范化的市场形式。而 LLDPE 期货市场则是进行 LLDPE 期货合约交易的场所。

尽管期货市场是在远期交易的基础之上发展起来的，但期货市场与远期交易存在着明显的差异。首先，期货交易必须在期货交易所场内完成（如国外的公开喊价系统），或通过交易所的电子交易平台完成（目前普遍采用的是电子交易形式）。

其次，期货交易的对象是标准化合约，而非实物商品。所谓标准化合约，指的是合约的所有条款都是标准化的。如 LLDPE 合约的到期日为每月的第 10 个交易日，最小变动价位为 5 元/吨，合约的标的资产为 LLDPE 等，而远期交易则没有类似的标准化规定。

再次，期货交易的对象是期货合约本身，而非实物商品，但合约的标的资产是实物商品或者金融资产。这种将期货合约与其标的资产相互分离的方法，使得投资者可以很方便地在期货合约到期之前选择对冲平仓，或者到期进行实物交割。

所谓对冲平仓，指的是投资者将此前买入的期货合约卖出，或者将此前卖出的期货合约买回。而实物交割指的是，买方向卖方支付现金，而卖方向买方移交货物所有权的过程。

最后，也是最重要的一点，期货交易实行保证金制度和当日无负债结算制度，因而其违约风险远远低于远期交易。

延伸阅读：期货的产生与发展

期货的英文为“futures”，是由“未来”一词演化而来，其含义是：交易双方不必在买卖发生的初期就交收实货，而是共同约定在未来的某一时间交收实货，因此称其为“期货”。

最初的期货交易是从现货远期交易发展而来，一开始只是双方口头承诺在某一时间交收一定数量的商品，后来随着交易范围的扩大，口头承诺逐渐被买卖契约代替。这种契约行为日益复杂化，需要有中间人担保，以便监督买卖双方按期交货和付款，于是便出现了 1571 年在伦敦开设的世界第一家商品远期合同交易所——皇家交易所。为了适应商品经济的不断发展，1848 年，82 位商人发起组织了芝加哥期货交易所(CBOT)，目的是改进运输与储存条件，为会员提供信息。1851 年，芝加哥期货交易所引进远期合同；1865 年，芝加哥谷物交易所推出了一种被称为“期货合约”的标准化协议，取代原先沿用的远期合同。使用这种标准化合约，允许合约转手买卖，并逐步完善了保证金制度，于是一种专门买卖标准化合约的期货市场形成了，期货成为投资者的一种投资理财工具。1882 年，交易所允许以对冲方式免除履约责任，增加了期货交易的流动性。1883 年，结算协会成立，向交易所会员提供对冲工具。到 1925 年，芝加哥期货交易所成立结算公司，第一个现代式的期货交易中心应运而生。

1874 年，芝加哥商业交易所成立，1969 年它发展成为世界上最大的肉类和畜类期货交易中心（CME 前身）。

皇家金属交易所是英国早期具有期货性质的交易所，也是后来伦敦金属交易所的前身。1987 年，伦敦金属交易所（LME）成立。

20 世纪 70 年代初，布雷顿森林体系解体以后，浮动汇率制取代固定汇率制，世界经济格局发生了深刻的变化，出现了市场经济货币化、金融化、自由化、一体化（电子化的结果）的发展趋势，利率、汇率、股价频繁波动，金融期货应运而生，国际期货市场呈现出快速发展的趋势。

二、国内 LLDPE 标准化合约是什么样的?

期货合约是指在将来某一确定时间按照确定价格买入或卖出的某商品标准化合约。而 LLDPE 期货合约就是标的物为 LLDPE 的标准化合约。它主要包括以下内容：

（一）合约标的

合约标的指期货合约的交易品种，如 LLDPE 期货合约的标的即为线型低密度聚乙烯（LLDPE）。虽然聚乙烯主要分为线型低密度聚乙烯（LL-DPE）、低密度聚乙烯（LDPE）和高密度聚乙烯（HDPE）三大类。但相对而言，LLDPE 的用途要广一些，几乎渗透到所有的传统聚乙烯应用领域，包括薄膜、模塑、管材和电缆等。因此大连商品交易所选择 LLDPE 作为期货合约的标的商品，能够使得期货市场的包容性更强。

（二）交易单位

交易单位是指期货合约所代表的商品数量，也是投资者可以进行期货交易的最小数量。现货贸易惯例及期货市场的发育程度是期货交易所确定交易单位的基础。LLDPE 期货合约的交易单位为 5 吨/手。

（三）最小变动价位

最小变动价位是指在期货交易所的公开竞价过程中，对合约每计量单位报价的最小变动数值。大连商品交易所 LLDPE 合约的最小变动价位是 5 元/吨，即每手合约的最小变动值是 25 元（5 元/吨 ×5 吨 =25 元）。

（四）涨跌停板幅度

涨跌停板幅度是指期货合约在一个交易日中交易价格的波动不得高于或者低于规定的涨跌幅度，超过该涨跌幅度的报价将被视为无效，不得成交。涨跌停板幅度并不是一成不变的。LLDPE 期货交易的涨跌停板幅度的变动规则在下文会有详细介绍。

（五）合约月份

合约月份是指期货合约到期交割的月份。在国内，由于主要供应商中石油和中石化一般只是按照计划生产，基本不以市场为指导，交易所选取包含当前月份在内，连续 12 个自然月的任何月份作为 LLDPE 期货的合约月份。

（六）交易时间

交易时间指期货合约在交易所交易的时间。LLDPE 的具体交易时间是从“上午 9 点到 10 点 15 分，10 点 30 分到 11 点 30 分；下午 1 点 30 分到 15 点”。大连商品交易所规定，LLDPE 期货合约的最后交易日一般为合约月份第 10 个交易日。

（七）合约交易保证金

合约交易保证金（或保证金比例）是指买卖期货合约需要的资金占合约总价值的比例。大连商品交易所 LLDPE 期货合约的一般月份保证金通常取合约价值的 5%，不过也会根据各种情况相应调整，具体调整规则在下文会有详细的介绍。

（八）交易手续费

交易手续费是投资者进行期货交易需支付的费用。交易手续费的收取通常有两种形式：按固定金额收取和按比例收取。按照固定金额收取手续费便于投资者计算投资盈亏，是国际期货市场采用的主要收取方式。只有伦敦金属交易所（LME）等少数交易所采用按比例收取的方式。LLDPE 期货合约的手续费按照固定值收取，为不高于 8 元/手（当前暂定为 4 元/手）。

LLDPE 期货标准合约（见表 2－1）

表 2－1　　大连商品交易所 LLDPE 期货合约

交易品种	线型低密度聚乙烯（LLDPE）
交易单位	5 吨/手
报价单位	元（人民币）/吨
最小变动价位	5 元/吨
涨跌停板幅度	上一交易日结算价的 4%（当前暂定为 5%）
合约月份	1，2，3，4，5，6，7，8，9，10，11，12 月
交易时间	每周一至周五上午 9：00～11：30，下午 13：30～15：00
最后交易日	合约月份第 10 个交易日
最后交割日	最后交易日后第 2 个交易日
交割等级	大连商品交易所线型低密度聚乙烯交割质量标准
交割地点	大连商品交易所线型低密度聚乙烯指定交割仓库
最低交易保证金	合约价值的 5%（当前暂定为 7%）
交易手续费	不超过 8 元/手（当前暂定为 4 元/手）
交割方式	实物交割
交易代码	L
上市交易所	大连商品交易所

三、参与 LLDPE 期货交易之前需要做哪些准备？

在对 LLDPE 期货市场有了一定的了解之后，如果想要参与 LLDPE 的期货交易，那么投资者首先要做的是选择一家期货经纪公司开立账户。因为 LLDPE 期货合约是在大连商品交易所进行交易的，而能够进入大连商品交易所进行交易的只有大连商品交易所会员（包括期货经纪公司会员和非期货经纪公司会员），所以普通投资者在进入大连期货市场交易之前，应选择一个具备合法代理资格的期货经纪公司会员来开立账户。

开立账户后，投资者还需按规定缴纳一定的交易保证金，并经过必要的培训，做好必要的技术和心理准备，方可入场进行交易。期货交易流程可参见图 2－1 所示。该图清晰地说明了期货交易的整个流程和相互关系。

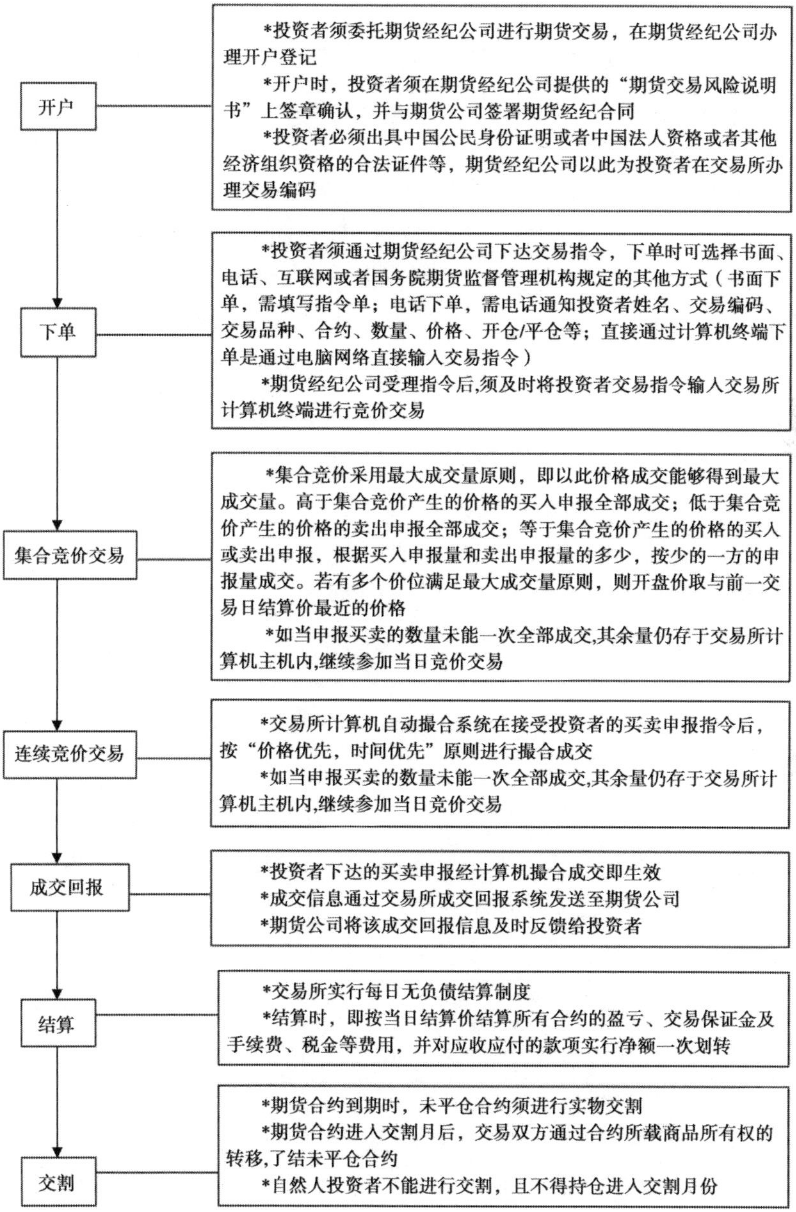

图 2－1 期货交易流程图

资料来源：南华研究。

四、我们应该熟知的 LLDPE 期货市场的基本制度有哪些?

（一）保证金制度

在期货交易中，任何交易者必须按照其所买卖期货合约价值的一定比例（通常为5%～10%）缴纳资金，作为其履行期货合约的财力担保，然后才能参与期货合约的买卖。同时，交易所还要视期货价格变动情况确定是否追加资金。这种制度就是保证金制度，所交的资金就是保证金。保证金制度既体现了期货交易特有的“杠杆效应”，同时也是交易所控制期货交易风险的一种重要手段。

（二）每日结算制度

期货交易的结算是由交易所统一组织进行的。期货交易所实行每日无负债结算制度，又称“逐日盯市”，具体是指每日交易结束后，交易所按当日结算价结算所有合约的盈亏、交易保证金及手续费、税金等费用，对应收应付的款项同时划转，相应增加或减少会员的结算准备金。期货交易的结算实行分级结算，即交易所对其会员进行结算，期货经纪公司对其客户进行结算。

（三）涨跌停板制度

涨跌停板制度又称每日价格最大波动限制，即指期货合约在一个交易日中的交易价格波动不得高于或低于规定的涨跌幅度。超过该涨跌幅度的报价将被视为无效，不能成交。由于期货市场的价格波动巨大，且极端情况下触及涨跌停板的情况时有发生，特别是连续同方向或反方向涨跌停板的情况也偶有发生，期货交易所对各种情况都作出了明确的规定，包括各种情况下的涨跌停板幅度和保证金收取标准等。

（四）持仓限额制度

持仓限额制度是指期货交易所为了防范操纵市场价格的行为，防止期货市场风险过度集中于少数投资者，对会员及客户的持仓数量进行限制的制度。超过限额，交易所可按规定强行平仓或提高保证金比例。

（五）大户报告制度

大户报告制度是指当会员或客户对某品种合约持有的投机头寸达到交易

所对其规定的头寸持仓限量80%以上（含本数）时，会员或客户应向交易所报告其资金情况、头寸情况等，客户须通过经纪会员报告。大户报告制度是与持仓限额制度紧密相关的又一个防范大户操纵市场价格和控制市场风险的制度。

（六）强行平仓制度

强行平仓制度，是指当会员或客户的交易保证金不足且未在规定的时间内补足，或者当会员或客户的持仓量超出规定的限额时，或者当会员或客户违规时，交易所为了防止风险进一步扩大，实行强行平仓的制度。简言之，强行平仓制度就是交易所对违规者的有关持仓实行平仓的一种强制措施。

（七）强制减仓制度

强制减仓制度的目的是化解市场风险和防止会员违约。一般情况下，市场风险的大小与某一品种或者合约的持仓规模有关。因此，降低持仓规模通常能够有效地降低市场风险。强制减仓制度就是期货交易所将当日以涨跌停板申报的未成交平仓报单，以当日的涨跌停板报价与该合约净持仓盈利的客户（包括非期货公司会员）按持仓比例自动撮合成交的一种制度设计。

（八）套期保值审批制度

我国的商品期货交易所规定，申请参与套期保值交易的机构客户须填写套期保值申请（审批），并向期货交易所提交相关证明材料。交易所则需按主体资格是否符合，套期保值品种、交易部位、买卖数量、套期保值时间与其生产经营规模、历史经营状况、资金等情况是否相当进行审核，确定其套期保值额度。正常情况下，套期保值交易的持仓量不受交易所规定的持仓限量的限制。

（九）实物交割制度

实物交割制度是指交易所制定的当期货合约到期时交易双方将期货合约所载商品的所有权按规定进行转移，了结未平仓合约的制度。

（十）风险准备金制度

风险准备金制度是指期货交易所从收取的期货交易手续费中提取一定比例的资金，作为确保交易所担保履约的备付金的制度。该制度对风险准备金的来源、收取标准和用途都作出了明确的规定。该制度为防范风险传播提供了保证，起到了类似于防火墙的重要作用。

（十一）风险警示制度

如果期货交易所认为有必要，可以分别或者同时采取要求会员或者客户报告情况、谈话提醒、发布风险提示函等措施，以警示和化解风险。风险警示制度对行使上述权利的条件和方法作出了规定。

（十二）信息披露制度

为遵循公开、公平、公正的原则，期货交易所应及时公布上市期货品种合约的有关信息和其他应公布的信息，并保证信息的真实和准确。信息披露制度对此作出了明确的规定。

五、LLDPE期货交易保证金如何收取？

（一）一般情况下保证金的收取

我国的期货市场发展起步较晚，且市场信用体系有待完善。因此，我国交易所的风险管理制度，包括保证金制度，相对于西方国家来说较为严格。目前，大连商品交易所各期货品种的保证金制度分为以下四个方面：一般月份保证金标准、临近交割期梯度增加保证金、根据合约持仓量变化调整保证金、连续同方向涨跌停板时调整保证金等。根据多年来的运行经验，目前的保证金管理体系完全能够抵御来自于市场的各种风险。

通常，期货经纪公司在交易所收取保证金的基础上再向客户加收一定比例的保证金。例如，LLDPE一般月份合约的保证金是10%，其中8%是交易所收取的部分，而2%是期货经纪公司收取的部分（见表2－2）。

表2－2　　LLDPE合约临近交割期时交易保证金收取标准

交易时间段	交易保证金标准
一般月份交易日	合约价值的5%
交割月份前一个月第一个交易日起	合约价值的10%
交割月份前一个月第六个交易日起	合约价值的15%
交割月份前一个月第十一个交易日起	合约价值的20%
交割月份前一个月第十六个交易日起	合约价值的25%
交割月份第一个交易日起	合约价值的30%

资料来源：大连商品交易所。

（二）持仓量变化时交易保证金的收取标准

大连商品交易所的保证金制度规定：当 LLDPE 期货合约的持仓量小于或者等于 25 万手时，按正常标准 5% 收取交易保证金；而当持仓量超过 25 万手时，交易保证金比例由正常情况下的 5% 提高至 8%。在此基础上，持仓量每增加 5 万手即将交易保证金提高 1%；当持仓总量超过 35 万手时，交易保证金统一按照 10% 收取（见表 2－3）。

表 2－3　　LLDPE 合约持仓量变化时交易保证金收取标准

合约月份双边持仓总量（N）	交易保证金标准
N ≤25 万手	合约价值的 5%
25 万手 < N≤30 万手	合约价值的 8%
30 万手 < N≤35 万手	合约价值的 9%
35 万手 < N	合约价值的 10%

资料来源：大连商品交易所。

（三）出现涨跌停行情时保证金的收取标准

当合约出现连续同方向涨跌停板行情时，其交易保证金标准也相应提高，LLDPE 期货合约与大连商品交易所现有其他合约保持一致。表 2－4 是 LLDPE 合约连续停板时保证金收取标准。

表 2－4　　LLDPE 合约连续停板时保证金收取标准

交易状况	涨跌停板幅度	交易时保证金标准	结算时保证金标准
第 1 个停板	4%	5%	6%
第 2 个停板	4%	6%	7%
第 3 个停板	4%	7%	5%

资料来源：大连商品交易所。

延伸阅读：中国期货保证金分类

在期货市场上，交易者只需按期货合约价格的一定比率交纳少量资金作为履行期货合约的财力担保，便可参与期货合约的买卖，这种资金就是期货保证金。在我国，期货保证金（以下简称保证金）按性质与作用的不同，可分为：结算准备金和交易保证金两大类。

结算准备金

结算准备金是指会员为了交易结算在交易所专用结算账户中预先准备的资金，是未被合约占用的保证金。结算准备金的最低余额由交易所决定。

交易保证金

交易保证金是会员单位或客户在期货交易中因持有期货合约而实际占用的保证金，又可分为初始保证金和追加的保证金两部分。

初始保证金

初始保证金是交易者新开仓之时所需交纳的资金，可以根据标的物价格和保证金比率确定，即初始保证金=交易金额×保证金比率。我国现行的最低保证金比率为：标的物价格×5%，国际上一般在3%~8%之间。例如，大连商品交易所的LLDPE的保证金比率为5%。如果某客户以10000元/吨的价格买入10手LLDPE期货合约（每手5吨），那么，他必须向交易所支付25000元（即10000×5×10×5%）的初始保证金。

交易者在持仓过程中，会因市场行情的不断变化而产生浮动盈亏（当日结算价与前一交易日结算价之差），因而保证金账户中实际可用的资金就会发生增减。浮动盈利将增加保证金账户余额，浮动亏损将减少保证金账户余额。

保证金的追加

当保证金账面余额低于一定数额时，交易者必须在规定时间内补充保证金，使保证金账户的余额不低于结算价乘以持仓量乘以交易单位乘以保证金比率这一数额。否则，在下一交易日，交易所或代理机构有权实施强行平仓。这部分需要新补充的保证金也称为追加保证金。假设客户以10000元/吨的价格买入10手LLDPE期货合约，三天后LLDPE结算价下跌至9800元/吨。由于价格下跌，客户的浮动亏损为10000元，即10000－9800×5×10，客户保证金账户余额为15000元，即25000－1000。由于这一余额小于24500元，即（9800×5×10×5%＝24500），需补充的9500元保证金，即24500－15000，就是需追加的保证金。

六、交易所对涨跌停板和持仓限制有什么规定?

（一）涨跌停板制度

涨跌停板制度是期货交易所为了规避价格波动风险而制定的管理制度之一。该制度对各期货品种的涨跌停板幅度及其调整办法作出了明确规定。通常情况下，涨跌停板的幅度与各品种的风险程度有关。

大连商品交易所的涨跌停板制度规定，LLDPE 非交割月份合约的涨跌停板幅度为上一交易日结算价的 ±4%，交割月份合约的涨跌停板幅度为上一交易日结算价的 ±6%。连续同方向涨跌停板之后的涨跌停板幅度不变。

根据市场风险，交易所会对涨跌停板幅度进行调整。如自 2010 年 11 月 29 日（星期一）结算时起，LLDPE 的涨跌停板幅度扩大至 ±6%。

（二）持仓限制制度

持仓限制的目的主要是防止市场操纵，大连商品交易所对 LLDPE 合约的持仓限额规定见表 2-5。

表 2-5　　LLDPE 一般月份合约持仓限额

一般月份合约单边持仓量	经纪会员	非经纪会员	客户
≤10 万手	25000 手	20000 手	10000 手
>10 万手	≤25%	≤20%	≤10%

资料来源：大连商品交易所。

对于一般月份合约来说，当单边持仓量小于等于 10 万手时，实行固定限额。其中，经纪会员的持仓量限额为 25000 手；非经纪会员的持仓量限额为 20000 手；客户的持仓量限额为 10000 手。当单边持仓量大于 10 万手时，持仓量限额按合约单边持仓的百分数计。其中，经纪会员的限额小于等于 25%；非经纪会员的限额小于等于 20%；客户的持仓限额小于等于 10%。

表 2-6 是 LLDPE 合约进入交割月份前一个月和进入交割日期间持仓限额。

表 2－6　　LLDPE 合约进入交割月份前一个月和进入交割月期间持仓限额　　单位：手

交易时间段	经纪会员	非经纪会员	客户
交割月前一个月第一个交易日起	10000	8000	4000
交割月前一个月第十个交易日起	5000	4000	2000
交割月份	2500	2000	1000

进入交割月前一个月之后，持仓限额将分阶段开始下调。调整日分别为交割月前一个月的第一个交易日和第十个交易日，以及交割月的第一个交易日。

此外，交易所对套期保值交易头寸实行审批制，其持仓不受限制。因此，有套期保值需求的企业可以根据自己的需要进行申报。

七、如何交易 LLDPE 期货合约？

投资者从事期货交易，必须通过期货公司或通过期货公司提供的下单软件下达交易指令，指定拟买卖合约的种类、数量和价格等。期货交易指令可以分为市价指令、限价指令、止损指令和停止限价指令等。

目前，我国期货交易所的指令均为当日有效。在指令成交前，投资者可以提出变更和撤销指令。大连商品交易所提供的指令有：限价指令、市价指令、市价止损（盈）指令（即止损指令）和限价止损（盈）指令（即停止限价指令）。这些基本交易指令可以附加立即全部成交否则自动撤销和立即成交剩余指令自动撤销两种指令属性。

此外，大连商品交易所还对指定合约提供套利交易指令，套利交易指令为限价指令，且价格为两个合约之间的价差。

期货交易相关术语

开仓、持仓和平仓：期货交易中的买卖行为，只要是新建头寸都叫开仓。交易者手中持有的头寸，称为持仓。平仓是指交易者了结持

仓的交易行为，了结的方式是针对持仓方向作相反的对冲买卖。

爆仓：爆仓是指投资者账户权益为负数，表明投资者不仅亏光了全部保证金还倒欠了期货经纪公司债务。由于期货交易实行逐日清算制度和强制平仓制度，一般情况下爆仓是不会发生的。但在出现极端行情的情况下，如连续发生同方向涨跌停板的情况，如果投资者的持仓较重，且持仓方向与价格变动方向相反，该投资者的账户就有可能爆仓。

多头和空头：期货交易实行双向交易机制，既有买方又有卖方。在期货交易中，买方称为多头，卖方称为空头。虽然股票市场交易中也将买方称为多头，卖方称为空头。但股票交易中的卖方必须是持有股票的人，没有股票的人是不能卖的。

结算价格：结算价格是指某一期货合约当日成交价格按成交量的加权平均价。当日无成交的，以上一交易日的结算价作为当日结算价。结算价是对当日未平仓合约进行盈亏结算的依据，也是计算下一交易日涨跌幅度和涨跌停板限额的依据。

成交量：成交量是指某一期货合约在当日交易期间所有成交合约的双边数量。

持仓量：持仓量是指期货交易者所持有的未平仓合约的双边数量。

总持仓量：总持仓量是市场上所有投资者在该期货合约上总的“未平仓合约”数量。在交易所发布的行情信息中，专门有“总持仓”一栏。

总持仓量的变化反映出投资者对该合约的交易兴趣，是投资者参与该合约交易的一个重要指标。如果总持仓量在持续增长，表明交易双方都在开仓，投资者对该合约的兴趣在增长，场外资金在不断涌入该合约交易中；相反，当总持仓量不断减少，表明交易双方都在平仓出局，交易者对该合约的兴趣在退潮。还有一种情况是，当交易量增长时，总持仓量却变化不大，这表明市场以换手交易为主。

换手交易：换手交易有“多头换手”和“空头换手”，当原来持有多头的交易者卖出平仓，但新的多头又开仓买进时称为“多头换手”；而“空头换手”是指原来持有空头的交易者在买进平仓，但新的空头在开仓卖出。

交易指令：股指期货交易有三种指令：市价指令、限价指令和取消指令。交易指令当日有效，在指令成交前，客户可提出变更或撤销。

市价指令指不限定价格的买卖申报，尽可能以市场最好价格成交的指令。

限价指令指执行时必须按限定价格或更好价格成交的指令。它的特点是如果成交，一定是客户预期或更好的价格。

取消指令指客户将之前下达的某一指令取消的指令。如果在取消指令生效之前，前一指令已经成交，则称为取消不及，客户必须接受成交结果。如果部分成交，则可将剩余部分还未成交的撤销。

头寸限制即交易部位限制，指交易所对投资者规定的所能持有某一期货合约数量的

最大限度，是从市场份额分配方面对市场风险进行管理。

八、LLDPE期货交易过程中要注意哪些问题?

（一）如何控制交易风险

与股票市场不同，期货市场采用保证金交易，因此资金管理显得尤其重要。通常情况下，期货交易风险与投资者使用的杠杆程度成正比。换句话说，投资者动用的保证金比例越大，其所面临的风险也就越高。

例如，当投资者动用其资金总额的50%时，其风险明显大于动用资金总额的30%。根据经验，投资者动用资金的比例应控制在30%以内，最多不宜超过50%。除利用资金管理技术控制风险之外，止损技术也是风险管理的重要手段。通常情况下，投资者在制订交易方案的同时，应该同时确定退出策略，包括止盈和止损。触发止损的条件主要是判断行情走势是否与预期相反，或者亏损幅度超过了投资者愿意承受的程度。

（二）如何计算盈亏

【案例2－1——LLDPE期货交易案例】

2009年8月13日，某客户以11900元/吨的价格卖出1手大连商品交易所的LLDPE11月份期货合约。该合约的到期日为2009年11月13日，并交纳8330元的保证金和16元的手续费（交纳比例均为交易所规定的两倍）。客户当日并未平仓而是持有到了8月14日，以当时11700元/吨的价格买入平仓1手LLDPE11月份期货合约，平仓手续费为16元。

那么13日交易结束后大连商品交易所对该客户所在的期货公司进行当日无负债结算，期货公司再对客户进行结算。当天的结算价为11855元/吨，所以结算后该交易客户会有209元的盈利，即（11900－11855）元/吨×5吨－16元＝209元，此时该客户的持仓价格为11855元/吨。8月14日客户平仓，会有759元的盈利，即（11855－11700）元/吨×5吨－16元＝759元，同时客户持有这一手合约的保证金也会得到释放。该交易结果见表2－7。

表 2－7　　期货交易结果

日　期	保证金（元）	手续费（元）	盈亏（元）
2009 年 8 月 13 日	8330	16	225
2009 年 8 月 14 日	0	16	775
总盈亏	1000－32＝968		

（三）在期货交易中如何实现资金管理

以一个 10 万元期货账户的资金管理操作为例。自 2009 年 8 月中旬以来，塑料基本呈现出一波单边下跌的行情，但随着 LLDPE 进入农膜消费旺季，市场低迷的需求状况将会逐渐得到改善。下游加工厂商及贸易商的补货需求对未来 LLDPE 的价格将产生一定的支撑作用。同时，随着国庆及中秋双节的临近，包装膜需求的大幅增加对期货价格的支撑作用也将十分明显。

假设某投资者 A 拥有资金 10 万元，他于 9 月 14 日以 10050 元/吨的价格建立 L0911 多单。资金利用率为 25%～30%，假设保证金为合约价值的 13%。在坚持资金管理的基础上，考虑到手续费等因素该投资者可建 4 手多单，且投资者交易承受的风险不超过总资金的 5%。由于近期 LLDPE 市场产生异动的可能性很大，从多次反弹挣扎未果来看，不排除后市有下探考验 9600 元/吨支撑位的可能，故操作上应该严格止损，止损位设在 9800 点。

通过以上案例我们清楚地知道，在期货交易之前制定适合自己的操作策略是实现资金管理的关键，而严格执行是策略成功的保障。

期货交易竞价方式

1. 人工喊价是指交易大厅内的交易代表，通过手势与喊话等途径，进行交易。芝加哥期货交易所（CBOT）是早期最有代表性的人工交易池，每个品种由交易代表在八角形的梯级范围内，进行频繁的喊话与手势交易。

2. 电子交易是指市场采取中央电脑交易系统，根据交易规则、买卖指令的价格与先后次序，自动撮合买卖合同（或称自动对盘）。交易员在认可的电脑系统前下单即可，毋须挤到特定的空间内人工喊价。

九、与其他品种相比较，LLDPE 期货有什么优势?

对于期货投资者来说，期货价格波动率水平是衡量其投资吸引力的重要指标。一般而言，一年以上的长期波动率水平比较稳定，能够代表一个品种的长期波动情况。而 LLDPE 期货上市以来，它的长期波动率水平处于已上市品种的中上游。

LLDPE 期货合约的长期趋势性非常明显，自 2007 年上市交易以来，LLDPE期货价格走势大致就可以分为三次上涨趋势和三次下跌趋势。随着 LLDPE 期货交易的日益活跃，其日内波动也变得愈发剧烈。对交易比较活跃的前 20 个品种的日内价格波动幅度统计来看，LLDPE 期货合约的日内波动率名列前茅。随着 LLDPE 期货的日内波动逐渐加大，交易价值日渐凸显，深受各类型投资者的青睐。

十、个人投资者如何从交易中获利?

在我国，个人投资者依然是数量最大的期货投资群体，且大多数投资者都会投入大量时间和精力，力求在期货市场上盈利。但大多数参与者都会感到期货市场变化莫测，难以驾驭。那么，普通投资者究竟应该具备哪些知识，采用哪些方法，才能在变化莫测的期货市场上处于较为有利的地位，进而从交易中获利呢？通过对成功交易者的分析我们可以看出，投资者至少需具备以下几方面的素质。

首先是行情分析和研判的能力。投资者最好具备一定的经济基础知识，包括宏观经济知识和微观经济知识；基本掌握基本分析和技术分析等投资分析方法；熟悉交易的品种和市场。

其次是制定交易策略的能力。交易策略包括品种选择、资金分配、进/出场时机选择、风险管理等。通常情况下，正确的预测仅仅是期货投资的第一步，交易盈利还需把握正确的入场时机，以及恰当的止盈和止损。任何没有制定交易策略的交易行为，通常难以盈利，或根本没有持续盈利的机会。此外，止损非常重要。业内有这样一种说法，“不懂得止损就等于不懂期货”。因此，制定交易策略，控制好风险是期货投资盈利的关键。

再次是投资者心理素质和性格特点的把握。期货市场要求投资者时刻保持冷静和理性，要有一定的“定力”，并能根据自己的个性特点制定操作策略。性格平和的投资者或许适合长线操作，而性格稍显急躁的投资者或许更适合短线交易。特别在价格波动较大的情况下，投资者必须在“震仓”和“趋势逆转”之间作出判断。

最后是要不断地总结经验，找出市场和品种的运动规律，尤其是对于那些刚刚接触期货市场的投资者。期货与股票不同，不仅可以双向操作（买多和卖空），而且是T+0操作（即可以在一天内随时交易多次），加之期货交易的品种都是大宗商品，受季节性、天气和地缘政治的影响也较大，因而波动率以及交易量都会与股票有很大不同。因此，投资者应在操作过程中不断地总结经验。

十一、哪里可以获取LLDPE期货市场的相关信息？

（一）如何查看行情信息

一般的期货公司都会提供行情软件，如文华财经、博弈大师以及富远软件等。当你下载安装了行情软件之后，便可以随时查看相关品种的交易信息。国内的行情软件除提供国内商品期货品种的即时行情之外，通常还提供国外主要期货市场的行情，包括美国的芝加哥期货交易所（CBOT）、芝加哥商业交易所（CME）、纽约商品交易所（NYMEX）、纽约期货交易所（NYBOT）和英国的伦敦金属交易所（LME）等。

另外，各个品种的开盘价、收盘价、结算价、持仓量、交易量以及持仓排名等重要信息也都会在相应的交易所网站上公布，投资者可以方便地查阅。

（二）如何查看相关资讯和分析评论

国内的行情软件大多提供有关的资讯信息，以及分析和评论等，包括国内发布的信息和转载国外的相关信息。由于信息的来源不同，各行情软件提供的信息量存在较大差异，主要与软件提供商购买的信息和发布授权有关。

国际上较为著名的资讯机构有英国的路透社和美国的彭博等。一般认为，这两家机构提供的资讯信息较为权威、完备和及时。此外，国际上的一些著名投行，如高盛、摩根斯坦利、法国兴业银行等也定期或不定期地发表研究和分析报告。不过，上述机构提供的信息大多需要付费，且价格昂贵，普通投资者不可能购买。

国内的行情软件提供了某些转载服务，大多数重要信息都可以通过国内的行情软件查阅，当然，一般专业研究报告除外。

另外，国内也不乏一些期货界的专家，他们也会在各类财经媒体，如中央财经频道、《证券时报》、《期货日报》等发表自己的观点；各大交易所以及期货公司的研究人员，尤其是期货公司的研究部门也会撰写各类研究报告供投资者参考。这类文章一般可以在财经网站或期货公司网站上直接下载获得。

自　测　题

一、单选题

1. LLDPE 期货合约的交易单位为(　　)。

A. 10 吨/手　　B. 5 吨/手

C. 5 公斤/手　　D. 10 公斤/手

2. LLDPE 每手合约的最小变动值是(　　)。

A. 10 元　　B. 15 元

C. 20 元　　D. 25 元

3. LLDPE 期货合约的月份是(　　)个自然月的合约。

A. 6　　B. 8

C. 10　　D. 12

4. LLDPE 期货合约的最后交易日一般为合约月份第(　　)个交易日。

A. 1　　B. 5

C. 10　　D. 15

5. LLDPE 合约的手续费按照固定值收取，为不高于(　　)元/手。

A. 8　　B. 10

C. 12　　D. 15

6. LLDPE 期货合约的一般月份保证金通常收取合约价值的(　　)。

A. 3%　　B. 5%

C. 7%　　D. 9%

7. LLDPE 期货增加交易保证金标准的持仓基数为(　　)万手，即当持仓量超过该数目时，交易保证金比例提高至8%，在此基础上，持仓量每增加5万手即提高1%的交易保证金标准。

A. 15　　B. 20

C. 25　　D. 30

二、多选题

1. LLDPE 期货交易与 LLDPE 远期交易的区别有(　　)。

A. 期货交易是在期货交易所发生的、公开进行的标准化合约的交易，而远期交易并没有这样的规定

B. 期货交易的对象是期货合约，而远期交易的交易对象是实物商品

C. 期货交易实行保证金制度和当日无负债结算制度，而远期交易没有如此功能

D. 期货市场违约风险较小

2. 在我国，期货保证金按性质与作用的不同，可分为(　　)。

A. 维持保证金　　B. 结算准备金

C. 基础保证金　　D. 交易保证金两大类。

3. LLDPE 合约交割月份以前合约的涨跌停板幅度为上一交易日结算价的(　　)；交割月份合约的涨跌停板幅度为上一交易日结算价的6%。

A. 2%　　B. 4%

C. 6%　　D. 7%

4. 期货交易指令通常包括(　　)。

A. 市价指令　　B. 限价指令

C. 止损指令　　D. 停止限价指令

5. LLDPE 期货合约所在的大连商品交易所采用的指令包括(　　)。

A. 限价指令　　B. 市价指令

C. 市价止损（盈）指令　　D. 限价止损（盈）指令

6. 成功的期货交易者一般具有以下(　　)素质。

A. 具有一定的行情分析和研判能力

B. 拥有理性的操作策略

C. 善于把握自己的心理素质和个人性格特点

D. 会对市场规律以及经验进行总结和及时的反思

7. 下列(　　)信息会在相应交易所的网站上公布。

A. 开盘价　　B. 交易量

C. 套利头寸　　D. 持仓量

三、判断题

1. 涨跌停板幅度是指期货合约在一个交易日中交易价格的波动不得高于或者低于规定的涨跌幅度，超过该涨跌幅度的报价将视为无效，不得成交。　　(　　)

2. 当合约出现连续同方向涨跌停板行情时，其交易保证金标准也要相应提高，LLDPE 的一个涨跌停板是4%，第二个是5%。　　(　　)

3. 每日结算制度是指每日交易结束后，期货公司按当日结算价结算所有合约的盈亏、交易保证金及手续费、税金等费用，对应收应付的款项同时划转，相应增加或减少会员的结算准备金。　　(　　)

4. 交易保证金是会员单位或客户在期货交易中因持有期货合约而实际支付的保证金。它又分为初始保证金和结算准备金两类。　　(　　)

5. 爆仓是指投资者账户权益为负数，表明投资者不仅输光了全部保证金而且还倒欠期货经纪公司钱。　　(　　)

参考答案

一、单选题

1. B　2. D　3. D　4. D　5. D　6. C
7. A

二、多选题

1. ABCD　2. BD　3. BC　4. ABCD　5. ABCD

6. ABCD　　7. ABD

三、判断题

1. √　　2. ×　　3. ×　　4. √　　5. ×

第三章 值得关注的一些市场特点

【本章要点】

本章主要介绍LLDPE期货中个性化较强的部分。该部分所描述的特点至少在其他品种中表现得不够充分，或者仅在LLDPE中有所表现。它包括价格波动特征、基差运动特点、代理商制度稳定价格的作用、生产商缺位对期货市场的影响、炼化一体化对供应弹性的影响、季节性农膜需求对市场的冲击，以及不同主体参与期货交易对市场的影响等。

一、LLDPE期货的价格波动为什么这么大?

在市场经济环境下，任何一种商品的卖方总是希望能将自己的商品卖个好价。相比之下，这种情形在垄断行业中比较容易做到。我国的LLDPE生产企业基本都掌握在中石化和中石油手中，它们具有垄断地位。

通常，当某一种商品的供应与需求基本平衡时，其市场价格也相对稳定。但当供应趋于紧张或者需求增长时，商品价格将面临上涨的压力。在这种情况下，上调价格将会起到抑制需求的作用，进而促使供需趋于平衡。因此，精明的商家会主动上调价格，直到价格上涨的压力完全消失。然而，要消除价格上涨的压力，有时需要数次上调价格，这与商品的供应弹性与需求弹性有关。

与上述情形相反，当供应趋于过剩或需求下降时，商品价格将面临下降的压力。除非迫不得已，商家总是不愿意降价。商家的这种不愿意降价的心态，通常会转变为行为，最终导致两种可能的结果：（1）随着时间的推移，供需关系逆转，降价压力消失，卖方维持价格不变的策略获得成功；（2）供应过剩的局面进一步加剧，市场降价的压力越来越大，消除降价压力将需要更大的降价幅度或更多的降价次数。

从以上分析可以看出，具有市场垄断能力的企业在上调价格时通常较为主动，而降价时较为被动。这在一定程度上加大了 LLDPE 价格的波动幅度。根据 LLDPE 上市以来的价格表现情况来看，中石化的每次涨/降价大多为 200～300 元/吨之间，且仅一次调价往往不能完全消除价格上涨/下跌的压力。正是由于 LLDPE 具有的销售垄断特征，以及商家愿意涨价和不愿意降价的心态，LLDPE 具有价格波动较大的特点。

二、石化代理商制度有稳定价格的作用吗？

鉴于石化领域的投资规模普遍较大和我国炼化一体化等政策的约束，我国的乙烯工业（包括 LLDPE 生产企业）主要集中在中石化和中石油两家大型国企手中，属于垄断行业。因此，对于乙烯（包括 LLDPE）的销售，中石化和中石油享有完全的定价权。与此同时，为了稳定销售和稳定国内市场价格，中石化和中石油还分别构建了自己的国内销售体系，选择了一大批贸易商作为代理商。通过构建代理商销售网络，石化系统已经在国内基本垄断了从生产到批发销售的全部环节，甚至构建了部分直销网络——直接向大型终端用户提供销售服务。石化唯一没能控制的部分就是 LLDPE 的进口，而这正是非石化代理商的主要进货渠道。

石化代理商制度不仅赋予了代理商以优惠条件进货的权利，还要求代理商承担按年/月度计划提货的义务。这就意味着，无论市场情况好坏，代理商必须根据签订的年度计划合同按月提货，否则将被取消代理商资格。此外，为了解决市场欠佳时代理商可能亏损的矛盾，石化采取了一种挂牌销售的政策，向代理商提供一次性额外优惠。

采取了这种代理商制度，石化系统基本达到了稳定销售的目的。事实上，代理商在一定程度上成为了石化分流库存的蓄水池（见图 3 - 1）。只要石化的库存水平维持正常，市场价格也就相对稳定。换句话说，石化通过在全国范围内构建代理商体系，平稳了销售，调节了自身的库存，进而在一定程度上稳定了市场价格。

图 3 - 1　代理商的作用类似于蓄水池起到了调节石化库存的作用

三、贸易商心态变化能否对 LLDPE 价格产生影响?

所谓贸易商心态，指的是投资者普遍具有的一种心理活动，即买涨不买跌的心态。而在我国的石化产品（包括 LLDPE）销售网络中，贸易商承担着承上启下的作用，一方面从石化或者外国供应商手中进货，另一方面向国内终端用户供货，满足下游企业的生产需要。因此，贸易商心态的变化对市场的影响明显大于终端用户。

此外，国内贸易商普遍拥有固定的客户资源和各自的进货渠道，拥有足够的资金实力和库存能力。因此，一旦贸易商认为价格可能下跌，他们就会延缓进货或降低库存。其结果是，石化企业的销售数量下降，库存难以消化，导致价格下调的压力加大。与此相反，一旦贸易商预期价格上涨，就会扩大采购规模和增加库存，结果石化库存下降，涨价压力随即显现。事实上，贸易商买涨不买跌的心态，使本已出现的价格趋势或者苗头得以强化。其作用类似于催化剂，催生或者强化上涨或者下跌行情趋势。

整体上看，贸易商心态的变化严重影响其采购行为，或从积极采购转变为消极采购，或从消极采购转变为积极采购。积极采购意味着石化企业库存将快速下降，而消极采购意味着石化企业库存难以消化。

例如，每当石化企业库存偏高时，投资者普遍预期石化有可能降价。因此，一些贸易商将会延缓或者减少进货，并积极出货以降低自身的库存水平。结果，石化的库存可能继续增加，进一步加大了石化企业降价的压力。与此相反，每当石化企业库存偏低时，投资者普遍认为石化企业可能涨价。在这种情况之下，贸易商便会积极进货，或增加进货数量。结果，石化企业库存继续下降，涨价的压力进一步加大。

四、定价销售与挂牌销售之间有什么不同?

在石化行业中普遍采取的一种销售方式就是与生产企业签订长期订货合同，确定年度采购数量和月度计划数量，并支付一定数额的预付款。而月末则需按生产企业的当月出厂价进行结算，多退少补，这就是所谓的定价销售。

然而，当市场价格持续下跌时，如按市场价格进货，贸易商不但无利可图反而需要承担亏损的风险。在这种情况之下，贸易商显然不愿意接受生产企业单方面确定的价格。这就出现了另外一种销售形式——挂牌销售。

石化提供挂牌价的意思是，即使代理商按挂牌价将产品卖给终端用户，也可以获得一定的补偿，即石化会以低于挂牌价的价格与代理商进行结算，保证贸易商不至于亏损。这种方法在一定程度上消除了代理商的顾虑，使石化与代理商之间的供货合同得以正常、稳定的执行。这样既保证了石化的利益，代理商也不会受到伤害。然而，尽管代理商没有亏损，却失去了盈利的机会或者降低了盈利水平。其实，为了维系与终端客户之间的关系，代理商也不得不以较为优惠的价格出售给客户。

换句话说，石化推出挂牌价有其特定含义，预示着石化的态度并不那么坚决。愿意以低于挂牌价的价格与代理商进行结算，只是希望代理商销售给其用户的价格不要低于石化的挂牌价。另一方面，石化已经意识到维持原有的价格不变不利于销售。

五、生产企业缺位会影响期货价格吗？

我国期货市场的参与者大体上可分为生产商、贸易商、消费企业和投机者四大类，且不同类型的参与者之间对于期货交易有着不同诉求。例如，生产商参与期货交易的主要目的是为了规避产品价格可能下跌的风险，特别是在预期产品价格可能下跌时。与此相反，消费企业参与期货交易的目的，主要为了规避原材料价格可能上涨的风险。而贸易商参与期货的目的则是两者兼而有之，既要考虑规避价格上涨，也要考虑规避价格下跌的风险。此外，贸易企业还要考虑规避签订进口合同之后和到货之前企业面临的风险，也不排除参与投机交易的可能性。

我国的乙烯（包括 LLDPE）生产企业基本属于中石化和中石油两大集团，而到本书截稿为止，这两家由国资委管理的超大型企业都没有大规模地参与国内的期货交易。因此，在我国的 LLDPE 期货市场上缺少了一支天然主力军。尽管国内不少代理商参与了期货卖出套期保值交易，但他们的规模普遍偏小，能够用于交割货物的数量相对有限。这就导致我国 LLDPE 期货市场上的空头力量弱于多头，显示出某些易涨难跌的特征。

我们将 LLDPE 与 PVC 进行比较发现，与 LLDPE 完全相反，大型 PVC 生产企业都积极参与卖出套期保值，使得空头比例偏大，且较为集中。这在一定程度上抑制了 PVC 价格上涨的动能，加大了市场做空的动能。

六、贸易商的对冲行为能否成为影响价格的重要因素？

在我国的贸易商队伍中，大多保有一定数量的 LLDPE 常备库存。特别是非石化企业代理商，库存水平变化很大，时高时低。这主要是由于非石化企业代理商没有直接从石化企业进货的权利。因此，当国际市场价格低于国内时，他们便会大量进口囤积货物。

库存保有量较大的贸易商，通常会在期货市场上采取对冲操作，规避价格可能下跌的风险。例如，某一交易商的常备库存为5000吨，如按每吨10000元计算，库存总价值为5000万元。当市场价格下跌500元/吨时，该企业的库存商品价值就将缩水250万元。因此，当价格可能下跌时，企业通常会在期货市场上卖出一定数量的期货，对冲现货市场上暴露的风险敞口。参与对冲的企业越多，市场上做空的力量就越大。

尽管LLDPE贸易商的对冲行为会对市场产生一定的影响，但与生产企业的抛空行为相比显然不会是一个数量级，对市场的影响也就明显偏弱。我们将PVC与LLDPE市场进行比较之后发现，正是PVC生产企业的对冲行为削弱了PVC价格上涨的动力。相比之下，正是缺少了LLDPE生产企业的参与，使LLDPE价格具有某些易涨难跌的特征。

换句话说，贸易商的对冲行为会对市场产生一定的影响，但与生产企业的对冲数量相比显然不是一个数量级，因此其影响明显偏弱。

七、如何看待大资金的交易行为?

资金的大小是一个相对概念，与品种或者期货合约的持仓规模有关。到目前为止，在LLDPE期货市场上排在前五位席位上的持仓通常仅为2000～5000手，超过5000手的情况并不多见。与大约20万手的总持仓规模相比，单一席位的持仓规模约占总持仓的2.5%。因此，我们有理由认为：在目前的LLDPE期货市场上，持仓能力超过5000手以上的属于大资金。而大资金的持仓变化往往对期货合约的价格产生较大的影响。

对于LLDPE来说，如果在一天之内某一主力机构增持或者减持多单或者空单的数量超过了2000手，那么该合约价格就可能发生明显变化，涨跌幅度往往达到200元/吨以上。而当主力机构持仓变化较小时，LLDPE的价格变化往往较为温和，且幅度有限。可以认为，在目前的LLDPE期货市场上，大资金或主力机构的交易行为，对期货价格有明显的影响。

通过跟踪大资金的持仓变化，我们发现：LLDPE价格的大幅波动往往与大资金的持仓变化密切相关。例如，图 3－2 中的大阳线与大阴线都与大资金的进场与撤离有关，两根大阳线正是资金入场做多的结果。带有上影线的顶部阴线正是资金的减仓行为所致。而随后的阴线正是多头离场的结果。

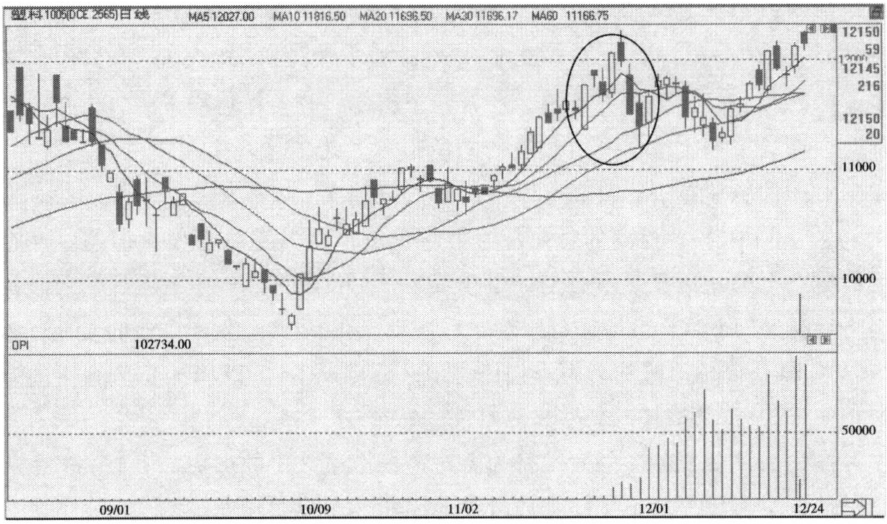

图 3－2　LLDPE 期货价格走势

事实上，在基本面没有出现重大变化或没有重大信息推动的情况下，LLDPE 的价格波动通常不大，除非主力资金有所动作。

然而，主力机构的持仓变化往往得到了基本面或者其他方面的支持。例如，当 LLDPE 供需基本平衡时，且现货市场价格与石化生产成本较为接近时，机构就可能根据期现差价的宽/窄入场做多。其结果是，当期货价格连续走高达到一定的幅度时，石化很有可能随之提高价格。

八、期现价差的运动揭示了什么？

在期货市场上，我们通常将期货与现货之间的价格差称之为期现差价。与有色金属不同，LLDPE 期货的主力合约往往远离交割月合约。因此，本章所涉及的期现价差通常指的是期货主力合约与现货之间的价差。

正常情况下，期货价格反映的是“现货价格＋持仓成本”，这就意味着远月合约的价格高于现货或者近月合约的价格。由于预期的变化，远月合约的价格往往高于“现货价格+理论上的持仓成本”，而有时也会低于“现货价格+理论上的持仓成本”。前者反映的是大多数投资者预期未来价格可能上涨；而后者反映的是未来价格可能下跌，特别是在现货价格高于近月合约价格的情况下。

期现差价的这种变化，可以为投资者提供一种判断价格走势的方法。通常情况下，期现价差走阔预示着价格可能上涨，而期现价差缩窄或者负价差走阔预示着价格可能走低。

九、期货价格与石化企业定价之间是否存在某种联系?

众所周知，期货市场的基本功能之一就是“价格发现”。也就是说，期货价格的变化超前于现货价格，并对现货市场价格产生影响。正是由于期货市场的这一功能，在现代的国际贸易活动中，进出口价格的确定通常采用“点价”方式，即根据某一天期货市场的价格加上升贴水确定，而买方有权在一定的期限内选择“点价”日期。这种方法在金属以及农产品的国际贸易活动中普遍采用。

值得注意的是，LLDPE 属于一种“石化中间体”，是生产过程中的一种“中间”或者“过渡”形态，需要进一步加工才能成为产成品。而且中间体除了用于下道工序加工之外别无它用。正是由于石化中间体的这种“过渡”或者“中间”特征，导致了石化中间体的价格形成不同于其他商品。换句话说，在石化中间体的国际贸易活动中，并没有采用“点价”方式定价，尽管伦敦金属交易所（LME）已先于我国上市了 LLDPE 期货品种。因此，到目前为止，在石化中间体的国际贸易活动中，依然沿用传统的贸易商报价方式。而在国内贸易活动中，LLDPE 生产企业通常采用定价销售和挂牌销售两种方式。

尽管期货价格能够在一定程度上影响 LLDPE 的现货价格，但在贸易活动中缺少“点价”方式，因此中间体的定价权依然控制在生产企业手中，市场定价的程度弱于其他商品。

十、炼化一体化对价格弹性有什么影响?

在我国，炼化一体化是大型石化企业特有的一种现象，其内涵是上游炼油能力必须与下游加工能力配套。根据发改委的指导意见，对乙烯装置的投资规模不应超过企业炼油能力的10%左右。换句话说，拥有1000万吨/年炼油能力的企业，可以投资乙烯装置100万吨/年。而没有炼油产能的企业，将不允许投资乙烯装置。

炼化一体化的必然结果之一是企业必须保持均衡生产。换句话说，在石化企业的诸多产品（如汽油、柴油、煤油、燃料油、石脑油、烯烃、芳烃等）之中必须均衡生产。首先，石化企业应在满足国内汽/柴油需求的前提下，尽可能平衡其他主要油品的生产；其次，烯烃和芳烃生产必须与石脑油出率（产量）相匹配。

鉴于石化在制订生产计划时主要考虑的是均衡生产，即使国内的LLDPE需求发生变化，其乙烯装置都不会轻易减产或者增产。作为“供应对需求反应迟钝”的一种必然结果，LLDPE供应弹性较低。

十一、季节性农膜需求能否对市场构成冲击?

农业生产是一种季节性极强的生产经营活动，农作物的生长严重依赖气候变化。因此，作为农业生产资料之一的农膜（包括大棚膜和地膜）的消费明显随农业生产的季节变化而变化，其消费高峰主要出现在春秋两个播种季节。

据统计，我国的农膜消费约占LLDPE年消费量的32%左右，但其消费主要集中在一年两季的播种过程中。所以，我们可以认为，一年之中只有半年左右是农膜消费的主要时期。这就意味着，LLDPE的年消费量占32%就相当于半年消费量占64%。这种巨大的季节性需求变化势必给LLDPE市场带来需求冲击的压力。

通常情况下，如此集中的需求冲击必将推动价格上涨，除非供应与需求同步增长。事实上，这种规律性的消费增长正是LLDPE生产企业籍以调节生产的依据。与其他期货品种相比，农膜需求形成的供应冲击具有明显的特征。

与此相反，需求高峰过后，LLDPE 将面临较大的降价压力。正是基于这种季节性规律，石化企业往往在需求高峰过后要求代理商及时提货，以减轻库存增加的压力。

自 测 题

一、单选题

1. 通常，当某一种商品的供应与需求基本平衡时，其市场价格(　　)。但当供应趋于紧张或者需求增长时，商品价格将面临(　　)的压力。

A. 不变　上涨　　B. 不变　下跌

C. 上涨　下跌　　D. 下跌　上涨

2. 当商品供应趋于紧张或者需求增长时，商家会主动(　　)；而当商品供应趋于过剩或需求下降时，商家只能被迫(　　)。

A. 维持价格不变　降价　　B. 提价　降价

C. 降价　提价　　D. 维持价格不变　维持价格不变

3. 我国的乙烯工业（包括 LLDPE 生产企业）主要集中在中石化和中石油两家大型国企手中，属于(　　)行业。

A. 竞争　　B. 寡头垄断

C. 垄断　　D. 充分竞争

4. 为了稳定销售和稳定国内市场价格，中石化和中石油还分别构建了自己的国内销售体系，选择了一大批贸易商作为(　　)。

A. 竞争对手　　B. 贸易商

C. 代理商　　D. 终端客户

5. 我国期货市场的参与者大体上可分为(　　)等几类。

A. 生产商、贸易商、消费企业、投机者

B. 套保商、消费企业、投机者

C. 生产企业、加工企业、消费企业

D. 套保商、套利商

6. “点价”方式，即先定下基差，期货价格由买方在未来一段时间内选择确定，然后采用销售价格等于(　　)的定价方式。

A. 现货价格 + 升贴水　　B. 现货价格 + 基差
C. 期货价格 + 利润　　D. 期货市场的价格 + 升贴水

二、多选题

1. 以下(　　)与 LLDPE 相关环节是由中石化和中石油调控的。
A. 生产　　B. 销售
C. 进口　　D. 出口
2. 在中国，以下(　　)对 LLDPE 市场价格影响最大。
A. 中石化　　B. 中石油
C. 贸易商　　D. 消费企业
3. 以下(　　)定价方式是我国石化行业普遍采取的销售方式。
A. 点价　　B. 定价
C. 挂牌　　D. 基差
4. “点价”的销售方式只与(　　)有关。
A. 期货价格　　B. 升贴水
C. 现货价格　　D. 进口关税
5. 在石化企业的诸多产品之中必须均衡生产。首先，应在满足国内(　　)需求的前提下，尽可能平衡其他主要油品的生产。
A. 汽油　　B. 石脑油
C. 柴油　　D. 燃料油

三、判断题

1. 当供应趋于过剩或需求下降时，商家总是不愿意降价。商家的这种不愿意降价的行为，随着时间的推移，供需关系如果逆转，降价压力消失，卖方维持价格不变的策略就会获得成功；如果供应过剩的局面进一步加剧，市场降价的压力越来越大，消除降价压力将需要更大的降价幅度或者更多的降价次数。(　　)

2. 具有市场垄断能力的企业，其上调价格时通常较为被动，而降价时则较为主动。(　　)

3. 石化代理商制度不仅赋予了代理商以优惠条件进货的权利，还要求

代理商承担按年/月度计划提货的义务。 ( )

4. 每当石化库存偏高时，投资者普遍预期石化有可能降价。因此，一些贸易商将会加速或者增加进货，并积极进货以便获得更低的进货价。 ( )

5. 石化提供挂牌价是指，即使代理商按挂牌价将产品卖给终端用户，也可以获得一定的补偿，即石化会以低于挂牌价的价格与代理商进行结算，保证贸易商不至于亏损。 ( )

6. 尽管国内不少代理商参与了期货卖出套期保值交易，但它们的规模普遍偏小，能够用于交割货物的数量相对有限。这就导致我国期货市场上的空头力量弱于多头，显示出某些易涨难跌的特征。 ( )

7. “点价”是期货交割的一种定价方式，即对某种远期交割的货物，不是直接确定其商品价格，而是只确定升贴水是多少。然后在约定的“点价期”内以国际上主要期货交易所某日的期货价格作为点价的基价，加上约定的升贴水作为最终的结算价格。 ( )

8. 农业生产是一种季节性极强的生产经营活动，农作物的生长严重依赖气候变化。因此，作为农业生产资料之一的农膜（包括大棚膜和地膜）消费，明显随农业生产的季节性而变，其消费高峰主要出现在春夏两个播种季节。 ( )

参考答案

一、单选题

1. A　2. B　3. B　4. C　5. A　6. D

二、多选题

1. AB　2. AB　3. BC　4. AB　5. AC

三、判断题

1. √　2. ×　3. √　4. ×　5. √　6. √
7. √　8. ×

第四章
线型低密度聚乙烯的价格影响因素

【本章要点】

本章主要介绍LLDPE价格的影响因素，包括国内生产总值、汇率、政府投入等宏观经济及货币和财政政策等因素的影响，又介绍了供应、需求、库存水平如何对LLDPE的价格产生影响。此外，还介绍了产业政策、进出口贸易政策、美元和原油价格对LLDPE价格的影响。

一、LLDPE的价格影响因素有哪些?

近年来，由于错综复杂的因素影响，LLDPE价格波动剧烈，其价格既要面临供需关系的考验，也要经受金融市场带来的波折。价格变动给企业带来了诸多不确定风险。而且自从LLDPE期货上市以来，现货受到期货乃至整个金融市场的影响越来越显著，价格波动频率大为提高。无论是生产企业、贸易企业还是下游制品企业，要承受的价格风险不仅体现在不同年份间、各月份间，甚至每周都要面临价格的较大跳跃。2008年4月10日到2011年4月10日LLDPE现货价格的走势图见图4－1。

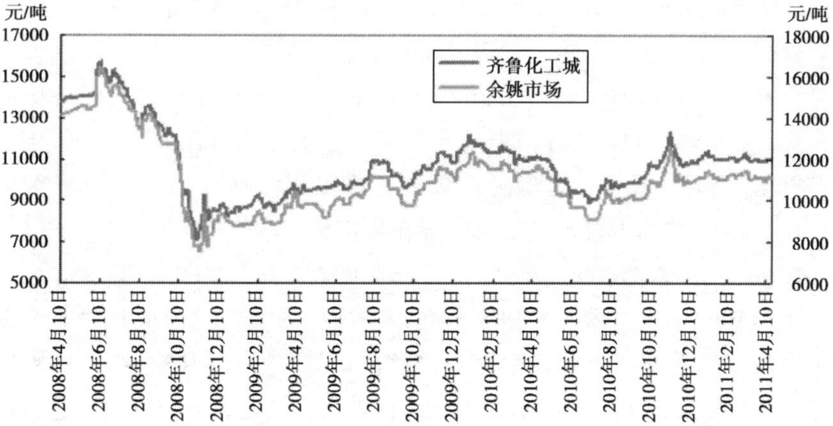

图 4-1 LLDPE 现货价格走势图

资料来源：南华期货。

如何在错综复杂的环境中，分析清楚 LLDPE 的价格影响因素非常重要，同时又很困难。从大的方面来看，影响 LLDPE 价格的因素包括：宏观经济与供需关系、上游的原油、乙烯价格、乙烯生产装置和中东乙烯的生产情况、我国石化中间体的定价和税收政策以及石化产业政策。宏观经济的增长和 LLDPE 的需求之间存在着密切的正相关关系，而上游的原油、石脑油和乙烯的价格对 LLDPE 的成本和价格有很大的影响。中东大量的低成本乙烯冲击着国内的乙烯行业，并且对 LLDPE 价格造成影响。石化中间体的定价机制和我国的税收政策、石化产业政策也是决定 LLDPE 价格的重要因素。

总之，LLDPE 期货对各种影响因素反应快捷、敏感，是一种适宜于投资者交易的期货品种。

二、宏观经济形势对 LLDPE 价格有什么影响？

从历史走势观察，LLDPE 价格走势与宏观经济形势息息相关。宏观经济的健康快速发展，对 LLDPE 具有很强的支撑和拉动作用。宏观经济主要是通过影响下游产业的需求，进而影响 LLDPE 市场变化的。

国内生产总值（GDP）是宏观经济重要指标之一。大多数生产资料和工业原材料需求都与国内生产总值存在一定的弹性比例关系。宏观经济形势是 LLDPE 市场需求的晴雨表，对其价格变动有重要影响。这种比例关系通常较为稳定，主要与国内生产总值的构成和 LLDPE 消费在国民经济中的比重有关，还与科学技术进步和技术创新有关。统计数据表明，当经济增长率达到 8% 以上时，农业、建筑业、包装业等相关行业对 LLDPE 需求较为强劲，对 LLDPE 支撑力较好，价格一般在高位运行。

这种比例关系的存在，使广大投资者可以根据国内生产总值的增长情况，对 LLDPE 的需求状况作出大致判断。当国内生产总值增长时，投资者会认为 LLDPE 的需求也将随国内生产总值增长。这种判断会在一定程度上对投资者的交易行为产生影响，推动价格走高。反之，当国内生产总值增速放缓甚至出现负增长时，投资者会认为 LLDPE 需求将随之下降，给价格带来下行压力。

我们需要重点关注 LLDPE 主要消费国的宏观经济增长，尤其是 LLDPE 需求增长最快的亚洲地区，以及作为全球最大进口国和第二大消费国的中国，其宏观经济增长将会增加农用薄膜、注塑和电线电缆等需求。

从图 4－2 我们可以看出，LLDPE 的现货价格走势与中国国内生产总值数据呈正相关性。

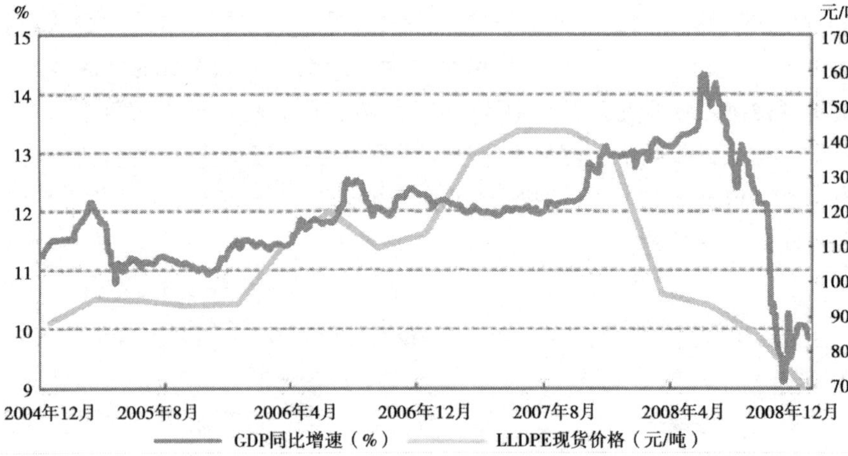

图 4－2　LLDPE 的现货价格与国内生产总值的关系

资料来源：南华期货。

货币政策对整个资本市场都有重大影响，对 LLDPE 也不例外。当货币政策处于紧缩性的调控周期中，市场资金的供给往往会受到影响。在资金有限的情况下，银行会倾向于把资金更多地分配给国有及大型企业，中小企业的资金需求会受到很大影响。而塑料制品企业多属于中小型企业，资金短缺会影响到企业生产及备货需求。如 2011 年 1 月至 6 月连续六次上调存款准备金率，结果 LLDPE 下游企业普遍资金面吃紧，备货采购意向薄弱，随用随购，造成 LLDPE 需求持续清淡，旺季不旺。

相反，在 2008 年至 2009 年金融危机期间，中国维持量化宽松的货币政策，并且出台包括石化行业在内的九大行业振兴规划，推动 LLDPE 价格走出低谷，触底回升。

财政政策对 LLDPE 行业发展有重要意义，尤其是政府加大投入，刺激经济增长，对 LLDPE 发展具有正面推动作用。例如，2008 年全球经济危机爆发之后，大多数国家迅速推出了相应的财政刺激方案，以支持经济增长。需求增长通常有提振价格的作用，导致原材料和商品价格上涨。其上涨的幅度与速度与财政政策的刺激力度有关。2009 年全球大宗商品价格的持续上涨，正是对各国政府财政刺激政策作出的强烈反应，其程度超过了大多数投资者的预期。事实上，任何一种财政政策都会以一定的形式影响需求，进而对大宗商品和原材料价格产生影响。

所以，中国的宏观经济环境对于 LLDPE 价格有较大的影响力。

三、原油波动如何影响 LLDPE 价格？

我们知道，聚乙烯的生产流程大体是：原油—石脑油—乙烯—聚乙烯。原油是目前全球聚乙烯生产的主要原料，其在聚乙烯产业链中起着基础性的指引作用。LLDPE 是聚乙烯的一种，从生产流程中可以大体的看出，原油、石脑油以及乙烯都是 LLDPE 的上游原料，它们价格的波动将会直接影响到聚乙烯（PE），包括 LLDPE 的生产成本，从而引起其价格的涨跌变化。

上游原料价格的涨跌对 LLDPE 市场造成的影响可以分为短期影响与长期影响两类。短期影响来自于上游原料价格涨跌对于贸易商心理的影响。短期内上游原料价格的起伏，造成的短期盈亏会对贸易商的心理产生一定的影响，导致贸易商出现看多或者看空的观点，并且通过其买卖行为反映到市场的价格当中。比如，原油、石脑油或者乙烯价格的连续暴涨或者暴跌，可能激发贸易商的囤货或者炒作情绪，导致成交量放大，推动 LLDPE 价格上扬或者下跌。

另一方面，从长期来看，包括原油、石脑油和乙烯等上游原料价格的变动会影响到 LLDPE 的生产成本，从而影响其长期的价格。需注意的是，虽然原油是生产 LLDPE 的最初原料，但由于中间隔着不少加工过程，原油价格的变动对于 LLDPE 的价格影响是间接的，并且是滞后的。也就是说，原油价格变动对于 LLDPE 生产成本的影响更多地体现在长期生产成本的影响上面，而不是短期的波动。图 4 – 3 是 2009 年 1 月 7 日到 2011 年 4 月 7 日 LLDPE 与原油价格的走势图，图 4 – 4 是 2009 年 1 月 7 日到 2011 年 7 月 7 日LLDPE与乙烯价格的走势图。

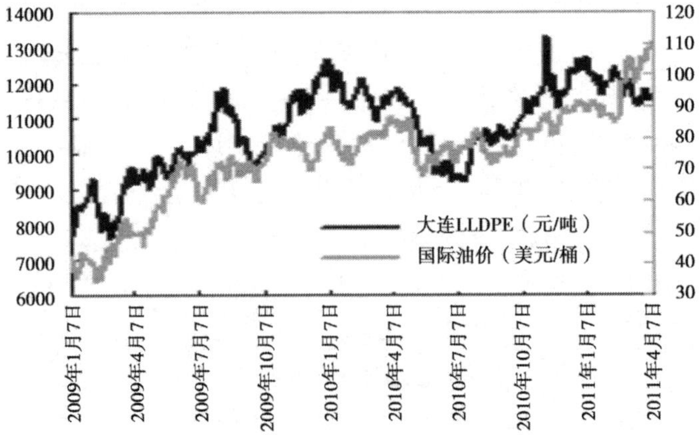

图 4 – 3　LLDPE 与原油价格的走势图

从历史上来看，原油价格波动比较剧烈。影响原油价格的因素有很多，比如供需基本面、地缘政治、美元走势及投机因素等，因此分析油价的变动会比较复杂。LLDPE 市场价格与原油价格往往并不同步，而是呈等周期滞后趋势，但由于期货市场的波动敏感性，这种滞后效应越来越短。原油价格对 LLDPE 价格的影响在理论上呈弱化关系，原油价格波动能够被产业链弱化，但在期货市场看就有明显的放大效应。

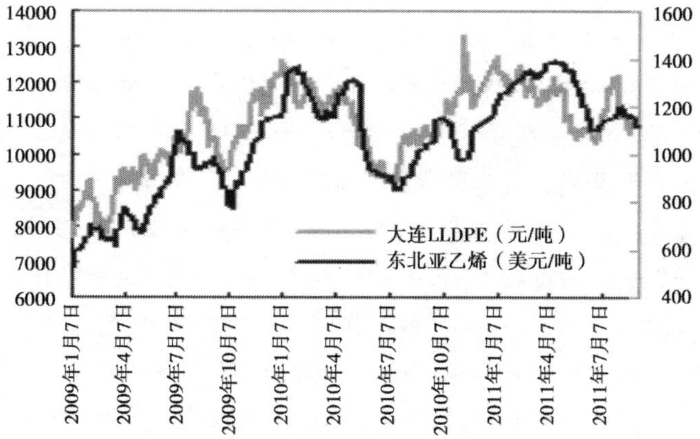

图 4－4　LLDPE 与乙烯价格的走势图

资料来源：BLOOMBERG、南华期货。

延伸阅读：影响到 LLDPE 价格变动的原油价格的历史走势

下面我们来看看会影响到 LLDPE 价格变动的原油价格的历史走势。

历史上曾经出现过两次石油危机。1950～1973 年期间，原油价格被七大公司人为地压得很低，平均约 1.80 美元/桶，仅为煤炭价格的一半左右。由于石油输出国组织（OPEC）的不断崛起和抗争，到 1973 年 1 月原油价格才上升到 2.95 美元一桶。长期以来，中东产油国对西方资本主义国家订立的旧的石油体系很不满。由于第二次世界大战以后的美国婴儿潮一代开始大量消费，西方国家的石油需求急剧增长，于是极低的原油价格和西方需求量的急速增长使 OPEC 和发达国家的矛盾日益尖锐。1973 年 10 月，第四次中东战争爆发。为打击以色列及其支持者，石油输出国组织的阿拉伯成员国当年 12 月宣布收回石油标价权，并将其原油价格从每桶 3 美元左右提高到 10.65 美元，油价剧烈上涨了两倍多。第一次石油危机的爆发，触发了第二次世界大战之后最严重的全球经济危机（1973～1975）。持续三年的石油危机对发达国家的经济造成了严重的冲击。

到了 1978 年伊朗发生推翻亲美温和派国王巴列维的伊斯兰革命，社会和经济出现剧烈动荡。从 1978 年底至 1979 年 3 月初，伊朗停止输出石油 60 天，使石油市场每天短缺石油 500 万桶，约占世界总消费量的 1/10，致使油价动荡和供应紧张。雪上加霜的是 1980 年 9 月开始的两伊战争又使得全球石油产量从每天 580 万桶骤降到 100 万桶以下。这种状态持续了半年多，油价在 1979 年开始暴涨，从每桶 13 美元猛增至 1980 年底的 41 美元。通过第一次、第二次石油危机，欧佩克（OPEC）对世界石油市场的影响力达到巅峰。但过高的油价给市场的供给和需求带来了实质性的影响：一方面引起了石油需求量的下降，人们普遍认识到发展新能源的作用。西方国家成立了国际能源机构，加强了对能源的管理，大力推广节能，并加速开发新能源。1973～1986 年，在 20 多个西方国家中，石油在能源结构中的比例从 52% 下降到 43%，经济合作与发展组织 24 个成员国的单位产品能耗下降了 40%。各个国家努力发展新技术，开发新能源，开展节能措施，并开始逐步建立战略石油储备。另一方面促使非欧佩克产油国增加原油供应量。20 世纪 70 年代中后期起，各西方发达国家和石油公司大力开展了在非欧佩克地区的勘探和开采石油的活动。从 1979 年到 1985 年间，非欧佩克产油国的产量逐渐超过了欧佩克产油国。因此，在 20 世纪 80～90 年代油价处于相对平静的走势当中。

而自 2003 年以来，全球经济进入新一轮扩张期，尤其是中国、印度等新兴市场的强劲增长。根据国际货币基金组织（IMF）的报告，1990 年至 1998 年世界经济年均增长 3.2%，而 1999 年至 2008 年世界经济增速为 4.4%，增幅较上一个 10 年提高了 1.2 个百分点。其中，中国经济 2003 年以后几年的增速均超过 10%，高于世界平均水平一倍以上；印度经济增速也保持了 7% 至 10% 的高增长。

四、乙烯对 LLDPE 有何影响?

乙烯是生产聚乙烯的最主要原料，约占聚乙烯原料构成的 60%，因此乙烯市场对聚乙烯价格有直接影响。一般来讲，聚乙烯价格是随着乙烯价格涨跌而涨跌的。尽管从生产工艺上看，由于乙烯与聚乙烯的生产比例基本上为1:1，乙烯价格变动对LLDPE的影响应该是最大的。但是，因聚乙烯（PE）装置大部分是一体化的，乙烯单体对LLDPE价格的影响并不如石脑油来得直接。再者，国内缺少交易中间体的现货市场，我国石化终端产品的价格形成，往往受到上游价格垄断的影响。所以，体现在价格传导上，最上游的原油价格对LLDPE影响最为显著，也最直接。

反映在统计关系上，日本石脑油、新加坡石脑油与大连商品交易所塑料期货价格的相关系数分别为0.83和0.84，均比乙烯与大连商品交易所塑料期货价格的相关系数0.78大。因此，在分析上游价格对国内塑料价格走势的影响时，可以更多地关注石脑油价格的变化。

五、石脑油和天然气对LLDPE有影响吗?

石脑油和天然气价格的波动对LLDPE价格也有一定的影响，但石脑油是由原油加工而来，归根到底其价格取决于原油市场价格。

目前，在我国生产聚乙烯的大部分装置都是一体化装置。这些工厂直接采用的原料是石脑油，而非乙烯单体，乙烯只是作为中间产物，生产出来后直接进入合成或其他环节。从我国聚乙烯成本的构成来说，原料在成本因素中占的比例在87%以上，由于生产装置的一体化，石脑油价格对聚乙烯价格的影响比乙烯价格对其的影响更大、更直接。根据统计分析，LLDPE与石脑油价格的相关系数高达0.97（数据选取时间段为2007年8月1日至2009年5月12日）。

图4－5、图4－6分别是日本石脑油（单位：美元/吨）和新加坡石脑油（单位：美元/桶）价格与大连商品交易所LLDPE期货价格的走势对比图，由图可以明显地看出它们之间的紧密联系。

另外，随着近年来天然气在乙烯生产中所占比重的逐年上升，未来天然气对乙烯价格及LLDPE价格的影响将相应加大。

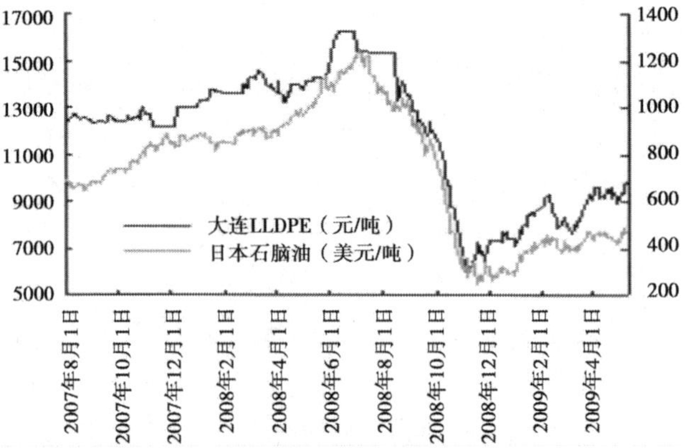

图 4－5　石脑油与 LLDPE 价格走势对比图（1）

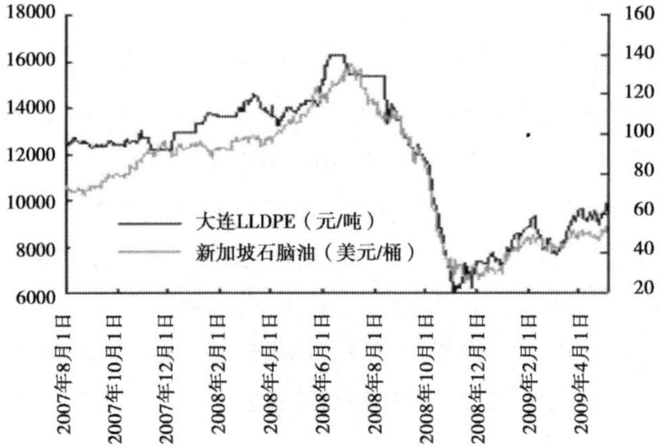

图 4－6　石脑油与 LLDPE 价格走势对比图（2）

数据来源：BLOOMBERG、南华研究。

六、供应变化如何对 LLDPE 价格产生影响？

供需均衡是商品价格保持稳定的基本条件。如果供应单方面出现了变化，市场的均衡状态就会被破坏，导致维持价格稳定的基本条件丧失。在这种情况之下，商品价格要么上涨，要么下跌，取决于供应变化的程度以及是否存在成本支撑。

供应量包括国内产量和进口量。国内方面对 LLDPE 价格的影响因素主要体现在石化企业的产量、库存、装置的检修与切换以及石化企业的结算、考核政策等。

LLDPE 的产能及产量的增长与减少对市场价格有较大影响。由于LLDPE采用连续性生产，装置的检修以及切换会导致某个级别或者牌号原有的供应骤减或激增，从而打破原来的供需平衡，引起 LLDPE 价格波动。另外，LLDPE 的生产工艺以及每月、季、年度的 LLDPE 产量变化，都会对其市场价格产生影响。

再者，石化企业的考核政策也会对 LLDPE 的价格产生一定影响。例如，中石化的月底停销结算以及中石油月度买断，在供应和定价两个方面均会对现货价格带来影响。

通常情况下，如果供应增加，LLDPE 将面临价格下跌的压力，除非存在成本的支撑。但当成本上升和供应增加同时发生时，价格的变化将取决于哪一个因素对价格的影响更大。通常情况下，成本支撑对价格的影响可能较大，特别是在价格接近或者低于产品成本的情况下。不过，如果供应大大超过了市场需求，企业将不得不以低于成本的价格消化过剩的产品。这种局面能够持续的时间有限，因为企业不会也不可能长期亏损销售。

与上述情况相反，在需求不变的前提下，一旦供应减少，市场将面临价格上涨的压力，推动 LLDPE 价格走高。“买涨不买跌”的心态将在一定程度上强化供应短缺的局面，推动价格上涨；反之，亦然。

尽管近几年国内 LLDPE 产能快速扩张，产量稳步增长，但进口 LLDPE 仍然占我国 LLDPE 总消费量的 40% 左右，因此，进口量也是影响国内供求格局的关键因素。

进口供应对于国内 LLDPE 市场价格的影响主要体现在数量和价格两方面，其中，数量方面的影响更为主要。一般情况下，国外供应商对中国大陆市场销售的 LLDPE 数量相对固定。因此，供应量的突变会对国内市场的供需平衡产生影响。例如，在国内供应与需求相对平稳的情况下，进口量连续数月萎缩或剧增，必然会使原有的供需平衡局面遭到破坏。在寻求新平衡的过程中，现货价格会出现较为明显的涨跌。

进口量的变化与其装置检修情况和开工率密切相关，除此之外，也与该供应商国内的内需情况以及周边国家的市场状况有很大关联，如东南亚、中东等地区。

从长期来看，供应商对中国地区的销售量还与其企业战略有关，如扩产计划、销售格局等。

七、需求变化如何对 LLDPE 价格产生影响?

LLDPE 的市场价格同样也会随着下游需求的变化而波动，下游消费增长而供应不足时将会使市场价格上升，下游消费减弱而上游供应充足时市场价格将下降。另外，部分下游产品对 LLDPE 的消费需求带有明显的季节性，而 LLDPE 生产是连续性的，因此，必然产生季节性需求变化，从而对价格变动产生影响。

从季节性生产规律来看，一季度是传统春季地膜生产旺季。一般每年 12 月至下年 1 月是春季地膜生产的开始时间，大棚膜生产备料期的逐步到来触发年底的上涨行情；2～3 月份进入生产旺季；其后的 3 月中旬至“五一”前，是春季地膜的销售旺季；清明之后农膜需求步入淡季，工厂负荷大大降低，甚至停产，加工企业的停产使原料价格触底；六七月份大棚膜生产备料则引领年内的第二轮上涨行情启动，直至 9 月份，随着大棚膜及大蒜膜生产旺季接近尾声，塑料原料价格开始出现回落，并在 11 月中下旬迎来年内的次低点。

从历史价格走势上看，通常随着地膜消费旺季的来临，LLDPE 价格走势表现相对坚挺，季节性题材炒作使得 LLDPE 表现活跃，成交量明显回升，市场做多热情较为高涨，助推 LLDPE 期价上涨。在图 4－7 中，我们也可以直接明了地看出 LLDPE 年度显著的价格高峰和低谷。

值得注意的是，消费的季节性高峰在牛市中多有延续，而在熊市中不温不火。也就是说，根据当时的市场环境，LLDPE 的这种季节性峰谷并不完全是完美地呈现，而是会受其他因素影响出现强化或弱化，这需要投资者认真判断。例如，2008 年，由于国际油价的疯狂飙涨以及通货膨胀的火上浇

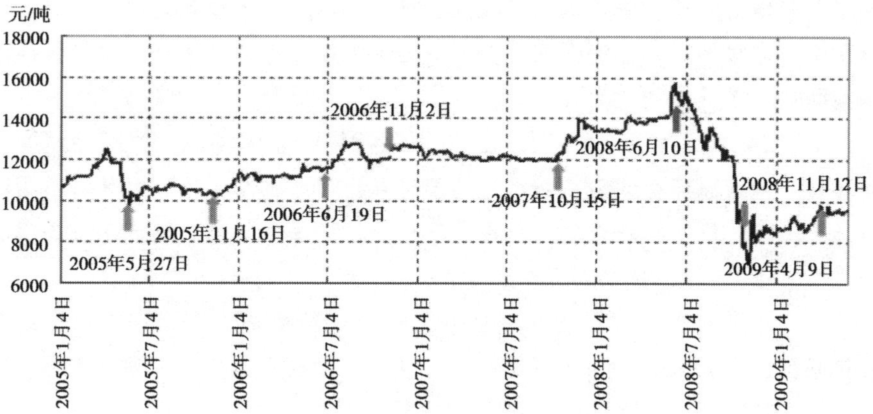

图 4-7 LLDPE 现货价格走势

油，5 月份作为传统的需求淡季 LLDPE 却出现了陡峭的爬升，而在七八月份农膜季节性需求启动的阶段，季节性高点遭到了金融危机的淹没，一路走跌（如图中黑色箭头箭头所示）。

除实际需求外，还有投机需求。所谓投机需求，是指贸易商行为，如集中备货或抛售而引起的需求变化，其中主要涉及的方面包括贸易商的库存、货源成本、资金状况以及心态。资金状况——贸易商如果存有付汇压力，往往会通过低价销售货源以回笼资金，从而导致市场出现一些超低报价，在行情走势不明朗的情况下，动摇人气。但通常来讲，这种情况对价格的影响力有限。心态——这意味着贸易商对后市的预期，与其是否备货建仓直接相关，对短期内成交量的影响较为明显，从而引导价格走向。

八、库存水平如何主导 LLDPE 价格走势？

库存水平是另一个反映供需关系的重要指标，库存的变化也会影响LLDPE的市场价格。当供应超过需求时，库存会增加；当供应小于需求时，库存就会下降。而库存的存在正是为了调节供应与需求之间的不平衡，起到了蓄水池的作用。

通常情况下，库存的增加意味着供应超过了需求，而库存下降则意味着供应不能满足需求。库存水平的高低能够更全面地描述市场的供需状况。库存高于平均水平时，市场面临价格下跌的压力，而库存低于平均水平时，市场则面临价格上涨的压力。

对于LLDPE而言，库存来自三方面：石化企业库存、下游库存和贸易商库存。贸易商库存代表着蓄水池的容量大小，库存水平偏高意味着市场流通环节不畅，价格上涨乏力，呈现走软迹象；而库存偏低，则表示市场成交尚可，具备上行动力。

发挥作用的还有“石化库存水平”这个特殊指标。鉴于定价权掌握在石化系统手中，因此，除非石化系统自身的库存水平偏高，否则不大可能主动降价。特别值得一提的是，代理商心态和行为也会在一定程度上影响石化系统的库存水平，进而影响石化的定价行为。换言之，石化系统的价格决策，常常以石化系统的库存水平，以及国际供应商的报价为依据。

此外，“库存消费比”也是一个重要指标，它反映了供需关系的紧张程度。为保障供应安全，对于商品的不同消费水平，需要维持不同库存水平。

九、替代品对LLDPE价格的影响是什么?

LLDPE和其替代品价格会相互影响。当LLDPE市场价格较高，而替代产品如LDPE或HDPE价格相对较低时，就会影响LLDPE价格走低。

LLDPE的主要用途是膜料，LDPE的主要用途也是膜料。膜料占LLDPE总消费量的75%～80%，其中包装膜为50%～60%，农膜约为20%，二者用途上的相似性使得当二者的比值出现异常时，存在较强的替代性。从图4－8可以看出，LLDPE与LDPE的市场价比值在0.85～1.0之间是正常的比值区间，如果两者比值超出正常区间较大，说明LLDPE市场价格上涨面临较大压力，LDPE由于价格优势对LLDPE的替代性会增强。反之，当LLDPE与LDPE市场价比值处于历史低位时，LLDPE有相对被低估的嫌疑，后市有反弹潜力。

尽管一些HDPE也用于膜料，但大多数型号与LLDPE用途不一样，HDPE主要用于注塑、中空吹塑、薄膜制品等。也就是说，HDPE虽然和LDPE、LLDPE一起被称为聚乙烯（PE），但由于用途上的较大差异，其对

LLDPE的替代性大大减小。从生产角度来看，全密度装置既可以生产LLDPE，也可以生产HDPE。因此，LLDPE与HDPE的长期走势不大可能有太显著的背离，即便出现短期的背离，石化企业也会通过调整产品结构来进行修正。

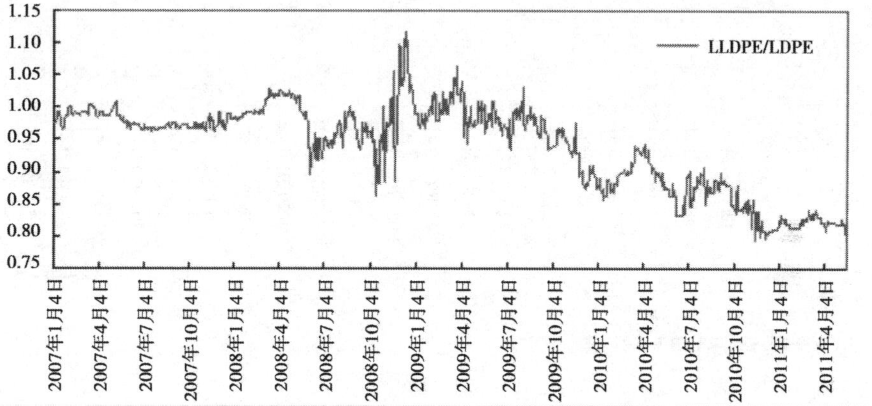

图4-8 LLDPE与LDPE的比价关系

资料来源：WIND资讯、南华研究。

所以，LLDPE与HDPE的比值同样可以作为对LLDPE估值的一种判断方法。从图4-9可以看出，LLDPE与HDPE市场价格的合理比值区间在0.896~1.032。如果高于这个合理区间，贸易商对继续报高LLDPE价格会有所顾忌。

十、相关商品与LLDPE有何关联?

聚丙烯（PP）与聚乙烯（PE）之间的价格相关性很好，两者之间的走势非常一致，这主要由于它们具有相同的生产原料。原油在炼制成品油过程中，会同时产生乙烯和丙稀，分别是聚乙烯和聚丙烯的主要原料，1吨聚乙烯约需要1吨乙烯，聚丙烯与丙稀之间量的关系也是1:1，故本质上两者之间的价值基本相当，因此，市场价格趋势上也基本一致。图4-10是余姚市场扬子石化厂F401（PP）与7042（LLDPE）价差图。

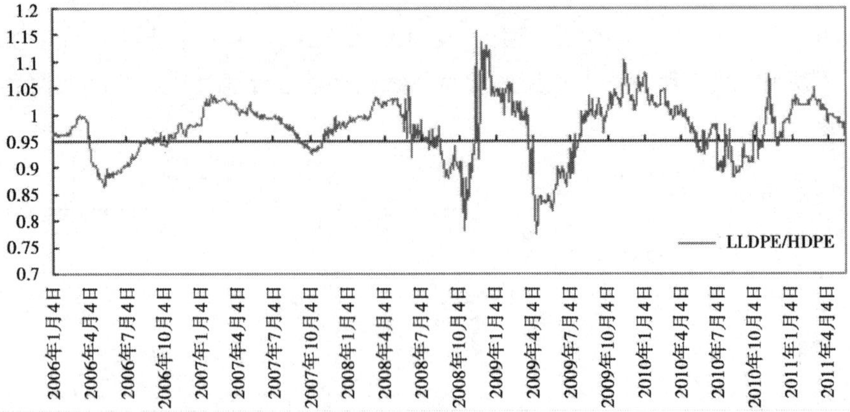

图 4－9　LLDPE 与 HDPE 的比价关系

资料来源：WIND 资讯、南华研究。

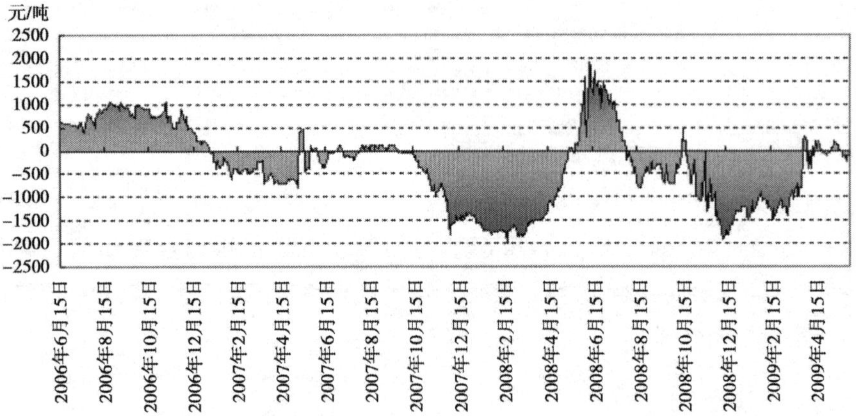

图 4－10　余姚市场扬子石化 F401（PP）与 7042（LLDPE）价差

数据来源：卓创资讯、南华研究。

图 4－11 是伦敦金属交易所（LME）亚洲 PE 与 PP 价差图。

聚乙烯（PE）和聚丙烯（PP）均作为合成树脂，本质上走的都是“原油市”，原油走势从成本角度很大程度左右了塑料市场，而且中石化、中石油、中海油的产销政策、定价或挂牌策略对 PP 市场影响重大。因此，从上游来看，影响 PE 和 PP 的因素是类似的。主要的差异在于下游需求的不同，

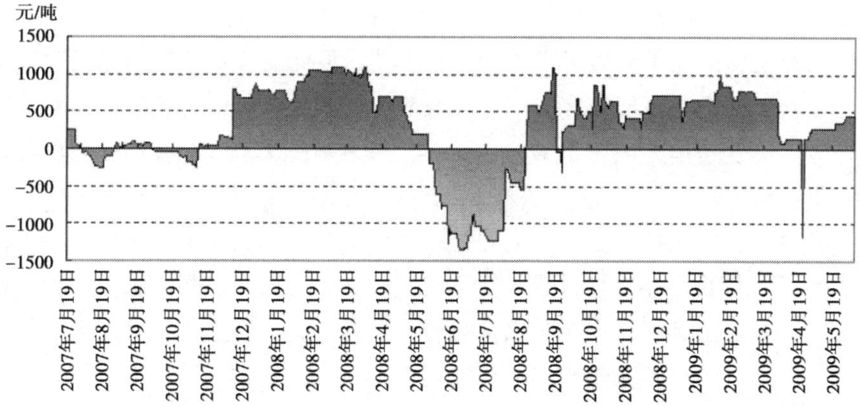

图 4－11　LME 亚洲 PE 与 PP 价差

数据来源：BLOOMBERG、南华研究。

聚丙烯较聚乙烯用途更为广泛，需求的季节性波动不如聚乙烯明显。聚丙烯主要生产注塑制品，如用于货物的周转箱、汽车配件等，在纤维和薄膜方面所占的比例也较大。可以说，国民经济大大小小的各行各业都应用了聚丙烯。尽管如此，作为化工行业的聚乙烯和聚丙烯，除了考虑自身的需求状况外，宏观经济对其的影响也是举足轻重，尤其是在周期性波动上。况且，国内的石化企业具有绝对的垄断地位，掌控着 PE 和 PP 的供应量开口。

总体而言，PE 和 PP 更多的是具有相同的价格运行轨迹和规律，两者在走势上会互相影响。PE 市场凶猛的涨势会联动到 PP 市场，间接加剧了 PP 市场的上扬气氛，而 PE 市场走低也将连累 PP 市场。投资者不妨参考两者的合理价差，研究判断走势。

十一、大连商品交易所仓单对 LLDPE 价格有什么影响？

分析仓单是 LLDPE 基本面分析的一部分。

现货商把符合交割标准的货物运到交易所的交割仓库，质检机构检验合格后，交割仓库给货物持有人开具标准仓单注册申请表，由会员代货物持有人到交易所办理仓单注册手续，经过注册的仓单才可以进行交割，其总数也就是交易所公布的库存数量。

已经注册的仓单同样可以办理注销手续，但此时仓单所标示的货物就未必已经被出库了，可能还在交割库存放着。当某个月份的合约履行交割手续后，会有部分仓单办理注销和出库手续，因为每次交割都会有部分仓单进入现货市场流通。

有时候参与期货交易的主力为了影响价格，会通过注册、注销仓单来改变交易所公布的库存数量，造成货源或多或少的迷局。比如当主力希望价格上涨时，就把持有的注册仓单大量注销，造成可交割货物不足的表象，从而引发交易者对未来价格的预期，而实际上可交割的货物并没有减少，还在仓库里面存放着。当主力希望价格下跌时，他们又会把仓单再次注册，造成货物增多的现象，使期货价格受此影响而下跌。

通常情况下，仓单增多说明现货商认为目前价格有利，希望在期货市场抛售，从而在一定程度上抑制价格上升，仓单减少则相反。

例如，2011 年上半年，巨大的仓单压力抑制了 LLDPE 价格，加上需求清淡，价格一路走跌。1 月份期货交割量为 13662 手，即 68310 万吨，这是自塑料上市以来的第二交割峰值，分别为 10 月份、11 月份及 12 月份的 26.6 倍、7 倍和 7.8 倍。这一巨大交割量对需求清淡的现货市场是不小的供应压力。而且，按当时的注册仓单量来看，后期市场还将面临高达 11 万多吨的仓单压力。供应压力让市场心态偏空、低迷。5 月份期货交割量为 19367 手，即 96835 万吨，这是自塑料上市以来的最大的交割峰值。图 4－12是 2009 年 4 月 15 日到 2011 年 4 月 15 日大连商品交易所 LLDPE 期货注册仓单情况。

因此，交易所仓单其实是市场供应的一部分，它可能并不会完全流出市场，但如果仓单量较大，对市场预期也会造成负面影响。

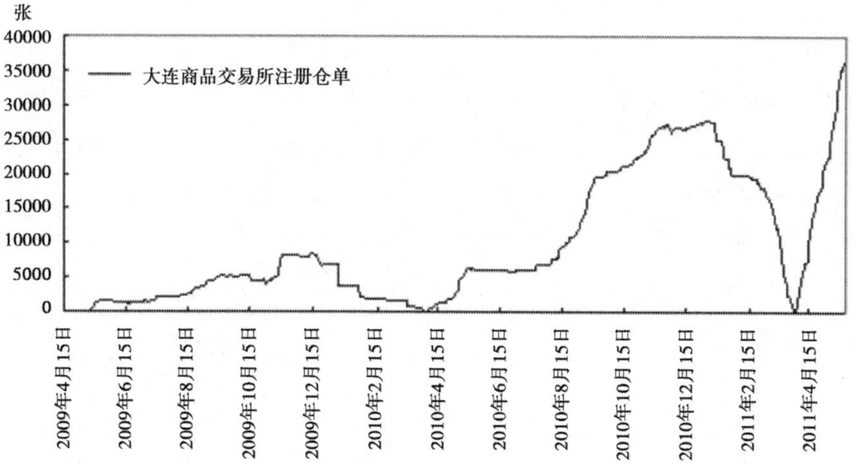

图 4－12　大连商品交易所 LLDPE 期货注册仓单

资料来源：大连商品交易所、南华研究。

自　测　题

一、单选题

1. 大多数生产资料和工业原材料的需求会随着 GDP 的增长而(　　)，LLDPE 也不例外。

A. 增长　　B. 不变

C. 下降　　D. 不确定

2. 经过(　　)才可以进行交割，其总数也就是交易所公布的库存数量。

A. 检验　　B. 注册

C. 预报

3. 库存水平是另一个反映供需关系的重要指标。当供应(　　)需求时，库存会增加；当供应(　　)需求时，库存就会下降。

A. 小于　大于　　B. 大于　小于

C. 小于　大于　　D. 小于　小于

4. 库存(　　)平均水平时，市场面临价格下跌的压力，而库存(　　)平均水平时市场面临价格上涨的压力。

A. 小于　小于　　B. 大于　大于

C. 小于　大于　　D. 大于　小于

5. 上游原料价格的涨跌对 LLDPE 市场造成的影响可以分为(　　)与(　　)的影响两类。比如，油价、石脑油或者乙烯价格的连续暴涨或者暴跌，可能激发贸易商的囤货或者炒作情绪导致成交量放大，推动聚乙烯价格上扬或者下跌。

A. 表象　内在　　B. 心理　实质

C. 长期　短期　　D. 直接　间接

二、多选题

1. 商品价格保持稳定的基本条件是(　　)。

A. 供需均衡　　B. 供大于求

C. 供应紧张　　D. 供应与需求增长

2. 在需求无多大变化的前提下，下列(　　)因素会使得 LLDPE 的价格出现上涨。

A. 供应增加　　B. 供应减少

C. 成本上升　　D. 成本下降

3. 以下(　　)因素会使得 LLDPE 的价格出现加速下跌或上行受阻。

A. 需求增长　　B. 需求回落

C. 供应增加　　D. 供应趋紧

4. “库存消费比”也是一个重要指标，反映了供需关系的紧张程度，以下(　　)情况有利于 LLDPE 价格的上涨。

A. LLDPE 库存消费比偏高　　B. LLDPE 库存消费比偏低

C. LLDPE 库存消费比正常

5. 原油价格对 LLDPE 价格影响在理论上呈(　　)关系，但在期货市场看有明显的放大效应。

A. 弱化　　B. 强化

C. 无影响　　D. 视具体情况而定

6. 国内供应方面对 LLDPE 价格的影响主要包括(　　)。

A. 石化的库存　　B. 装置的检修与切换

C. 石化的结算、考核政策　　D. 产量

三、判断题

1. 当 GDP 增长时，LLDPE 的需求必将随 GDP 的增长而增长，从而推动 LLDPE 期货价格上涨。 (　　)

2. 任何一种财政政策都会以一定的形式影响需求，进而对大宗商品和原材料价格产生影响。 (　　)

3. 如果供应增加，LLDPE 将面临价格下跌的压力，除非存在成本的支撑。即使当成本上升和供应增加同时发生时，供应方面对 LLDPE 价格的影响仍将更大一些。 (　　)

4. 一旦需求出现明显增长，LLDPE 价格上涨时可能加速上行，而价格下跌时可能减缓跌势或者止跌甚至反弹。 (　　)

5. 通常情况下，库存的增加意味着供应超过了需求，而库存下降意味着供应不能满足需求的需要。 (　　)

6. 作为保护民族工业的一种重要手段，进出口关税水平及其变化，都会对 LLDPE 的价格产生影响。因为关税的存在能够在一定水平上改变商品成本，进而影响销售数量。 (　　)

7. 当进口关税较高时，一方面提高了进口商品的成本，另一方面，还会起到减少国内总供应的作用，因此，必将推动商品价格走高。 (　　)

参考答案

一、单选题

1. A　　2. B　　3. B　　4. D　　5. C

二、多选题

1. AB　　2. BC　　3. BC　　4. AB　　5. B　　6. AC

三、判断题

1. √　　2. ×　　3. √　　4. ×　　5. √　　6. √
7. √

第五章
线型低密度聚乙烯产业链中的价格传导

【本章要点】

本章主要介绍 LLDPE 产业链及其构成；价格传导的两种重要形式——需求拉动和成本推动；价格传导的过程和特点，包括传导过程被阻断以及小幅短期波动被过滤等。

本章还介绍了国际和国内乙烯消耗石脑油的比例，介绍了烯烃和芳烃与石脑油消费之间的关系，谈到了乙烯装置的生产能力等概念，还介绍了原油—石脑油的价格传导和石脑油—乙烯的价格传导，包括企业生产成本和利润对产品价格的影响等。

一、LLDPE 产业链包含哪些环节?

按生产环节划分，LLDPE 产业链包括：原油—石脑油—乙烯—聚乙烯（包括 LLDPE）—塑料制品等环节。其中，原油—石脑油属于产业链中最上游的一环——“炼油”环节；石脑油—乙烯是产业链的第二个环节，位于原油—石脑油的下方，属于“化工”领域的最上游；乙烯—聚乙烯位于产业链的第三个环节，也是本书讨论的主体部分。LLDPE 属于聚乙烯，是聚乙烯的一个分类，不是一个单独的环节。聚乙烯—塑料制品位于产业链的最末端，也是产业链中的最后一个环节。

与化工领域不同，原油—石脑油属于炼油领域，位于化工领域的上游。鉴于国际上油品、乙烯、芳烃料所使用的石脑油（化工轻油）大体比例为6.82∶1∶0.36，而2008年国内乙烯原料、对二甲苯（PX）原料、烷基苯消耗的石脑油约为80%、18%和2%，因此乙烯消费对石脑油价格走势会产生明显的影响，石脑油价格也会严重影响乙烯的生产成本。不过，石脑油只是众多油品中的一种。油品包括我们熟知的汽油、柴油、煤油等。

行业内将石脑油的下游分为两大分支：烯烃和芳烃。乙烯（包括LLDPE）属于烯烃，MX（混二甲苯，PTA和PX的上游）属于芳烃。我们在衡量乙烯行业的生产能力时，通常指的是乙烯装置的生产能力。因为在生产乙烯的同时，还会产出其他产品，如丙烯、丁二烯等。鉴于LLDPE仅为聚乙烯中的一个分类，而部分LLDPE的生产装置既可以生产LLDPE，也可以生产其他品种，因此，业内通常只给出有关乙烯产能的数据，并不给出LLDPE的产能数据。这就是为什么本书不得不常常涉及乙烯或者聚乙烯的重要原因。

聚乙烯属于烯烃类，LLDPE仅仅是聚乙烯的一个品种。因此，LLDPE本身对乙烯单体价格的影响有限，但乙烯单体的价格对LLDPE成本的影响却不容忽视。

乙烯与乙烯制品之间的关系主要反映在乙烯制品的需求方面和用户可以接受的价格水平方面。这是因为影响产业链中价格的主要动力就源于下游的终端消费。

二、什么是“始于下游的需求拉动”？

阐述“始于下游的需求拉动”，首先需要搞清楚下游和需求这两个基本概念。根据本章第一问题产业链的介绍，我们知道这里所说的下游指的是塑料制品。

塑料制品的品种繁多，但都属于商品（与石化中间体不同）的范畴，其消费与国民经济和人民生活息息相关。

需求是一个经济学概念，而需求拉动反映的是消费需求有拉动价格上涨的倾向。众所周知，当某一商品的需求超过供应时，价格就有上涨的需要，而商品需求的增加还会导致原材料消费的增长。这就意味着，塑料制品需求的增长，不但有拉动 LLDPE 价格上涨的倾向，还可能带来 LLDPE 原材料需求的增长。其过程就是在一个微观的生产环节中，完成了由产品价格向原材料价格的传导，有时还伴随着原材料需求的增长。

消费需求的增长受诸多因素的影响。例如，建筑材料和工业用品有随国内生产总值增长的倾向，而生活用品有随人口变化和消费偏好转变的倾向。无论何种因素导致的需求变化，都有影响价格的能力。需求增长拉动价格上行，需求萎缩则迫使价格下行。总之，需求是影响价格的基本因素之一，大多数情况下，也是影响价格的最重要的因素之一。

三、什么是“源于上游的成本推动”？

上游是个相对概念，而在石油和化工领域，最上游是原油，油品次之，随后是化工行业。因此，“源于上游的成本推动”指的是，来自于原油价格上涨的动力有向下游传导的需要，而原油价格的下跌也有向下传导的需要。

在化工行业中，原材料价格决定企业的生产成本，并影响企业对产品的定价。然而，产品价格的上涨必须得到消费者的认可和接受，否则产品需求可能下降，并迫使产品价格回落。

四、需求拉动和成本推动如何逐级向上游或者下游传导？

价格传导通常会在石化产业链中出现，且有逐级向上游/下游传递的特点，直到到达产业链的最上游/最下游为止，或者在产业链中的某一个环节受到了阻断。事实上，在石化领域，下游环节的原材料正是上一个相邻环节的产品，也就是所谓的石化中间体。

我们可以将产业链比做一根弹簧，而将弹簧的每一段与产业链中的一个环节相对应（见图5－1）。因此，产业链中需求拉动的过程，很像拉弹簧的一端受到拉力，并向另一端传导的过程，而受拉力的一端位于产业链的最下游。成本推动价格上涨的过程，则很像压弹簧受压并试图恢复原态的过程，动力源于产业链的最上游。

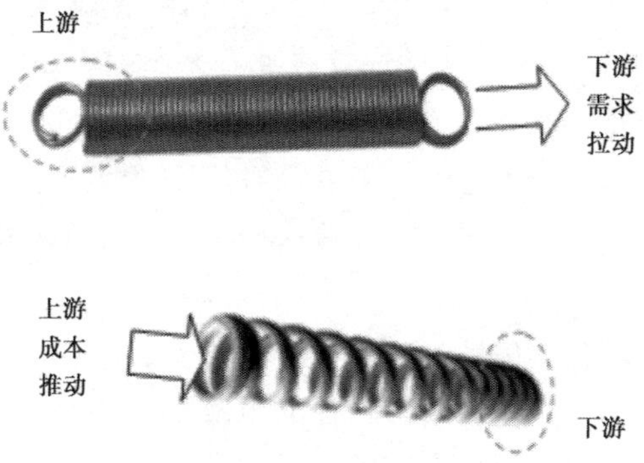

图5－1　像弹簧一样的产业链

事实上，无论需求拉动还是成本推动，都存在一种与之相反的运动状态，即下游需求下降迫使原材料价格回落，上游成本下降导致产品价格下跌。

五、供需失衡如何阻断价格的传导过程？

我们可将供需失衡比做弹簧断裂或拉簧拉力减弱的情况，价格传导受阻的情况大体与之相似。一旦弹簧断裂，下游的拉力就无法向上游传导，上游的推力也无法向下游传导，从而弹力或拉力减弱，传导力也将随之减弱。

事实上，无论哪一个环节的供需失衡，价格传导要么表现为减缓，要么表现为终止。因为供大于求将有效地抑制始于上游的成本推动，减缓甚至阻断高成本向产品转移。而供不应求则要求产品价格上涨，无论下游需求是否下降。上游成本下降和下游需求增长与上述情况正好相反：当上游产品价格下跌时，供不应求将减缓或者阻断价格向下游传导；而当下游需求增长时，供大于求将减缓或者阻断价格向上游传导。

六、价格传导是否具有“滞后”和“过滤短期小幅波动”的特点?

化工产品从投料到产出需要一定的生产周期，其长短取决于使用的设备和工艺路线。换句话说，产品价格的上涨/下跌通常滞后于原材料价格的上涨/下跌。因为“产品下线”时的原材料成本并不等于当前市场的原材料成本。如果产业链包括的加工（生产）环节越多，完成价格传导所需的时间就越长。通常，在石化产业链中，完成价格传导的时间差异很大，可能是几天、数周、数月甚至长达数年。而在炼油行业中，价格传导的时间较短，且相对固定。

鉴于成本推动的价格传导需要得到消费者的认可，因此价格传导的时间往往与消费者是否认可及认可的时间有关。这就是成本推动型价格传导具有滞后性的内在原因。

如果当“短期小幅波动”还没有完成传导时价格就已经恢复了原状，在这种情况下，“短期小幅波动”就很有可能被过滤。

七、如何利用“传导关系”判断 LLDPE 的价格取向?

作为石化中间体，LLDPE 处于产业链的最下游，因为产业链的终端产品已经转化为消费品，而非中间体。在原油—石脑油和石脑油—乙烯两个环节中，由于原油—石脑油属于炼油环节，其价格传导几乎不存在时间延迟，且两者之间基本维持相对固定的裂解差价。因此，原油—乙烯之间的价格传导将主要集中在石脑油—乙烯的环节上。相比之下，原油—石脑油对乙烯的影响较弱。

作出了上述基本判断之后，我们就可以将关注的焦点转向石脑油—乙烯的传导环节上。值得关注的内容包括：国际石脑油价格及其走向、国内乙烯装置的开车情况、国际/国内的乙烯价格、乙烯—石脑油价差以及石化和贸易商库存等。

尤其是乙烯—石脑油的价差水平和变化趋势。当价差大于平均水平，且趋于扩大时，暗示乙烯价格可能继续走强；当价差低于平均水平且趋于缩窄时，暗示价格可能继续走弱。

开工率提高或者降低可能改变市场的供需关系，打破此前的平衡状态。石化企业库存和贸易商库存水平是另一个重要指标。一旦石化企业库存偏高，市场就面临价格下行的压力；而当石化企业库存偏低时，市场就面临价格上行的压力。

此外，贸易商心态也是一个重要的指标。如果贸易商普遍持观望态度，必将导致石化企业库存进一步增加，进而迫使价格继续回落。一旦贸易商开始买入，那么库存增加的局面可能随之改变，进而阻止价格继续下跌。事实上，根据我国石化系统的库存能力，库存水平和贸易商心态是一个重要因素，在相当程度上决定着国内 LLDPE 的价格水平。

2007 年 8 月到 2009 年 10 月中 LLDPE 的生产利润见图 5－2。

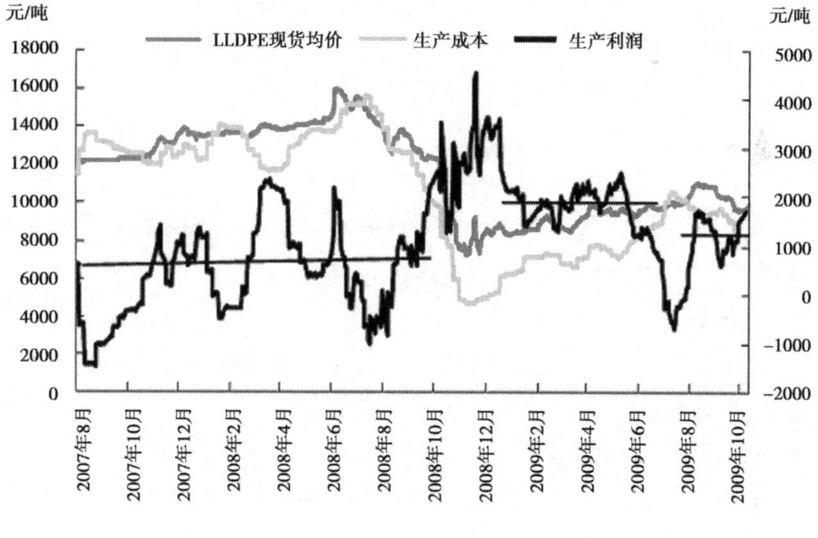

图 5－2　LLDPE 的生产利润

资料来源：南华研究。

还有一个可供使用的参数，那就是期货与现货价格之间的差价。根据

LLDPE 期货上市以来的经验，LLDPE 的期现价差很容易达到 1000 元/吨，并在 1000 元/吨附近开始缩窄。因此，LLDPE 的期现价差是一个较好的领先指标。然而，要用好这一领先指标，还必须了解石化系统的价格体系和政策。例如，当期现价差达到 500 元/吨时，如果石化系统在挂牌价的基础上继续调低结算价，那么期货价格完全有可能继续回落，价差也有可能继续扩大，甚至达到 1000 元/吨或者更高的水平。反之，如果石化系统在挂牌价的基础上，停止调降结算价，或者定价销售，那么期现价差扩大的趋势必将改变。

自　测　题

一、单选题

1. (　　)是产业链的第二个环节，位于原油—石脑油的下方，属于“化工”领域的最上游。

A. 乙烯—聚乙烯　　B. 原油—石脑油

C. 石脑油—乙烯　　D. 乙烯—聚氯乙烯

2. 以下(　　)不属于我们熟知的油品。

A. 柴油　　B. 汽油

C. 石脑油　　D. 菜籽油

3. 以下(　　)情况将抑制始于上游的成本推动，减缓甚至阻断高成本向产品转移。

A. 供不应求　　B. 供应过剩

C. 需求上升　　D. 需求下降

4. 产业链中(　　)的过程，很像弹簧受到拉力和释放动能的过程，而受力的一端位于产业链的最下游。

A. 成本推动　　B. 原材料价格上涨

C. 产品供应过剩　　D. 需求拉动

5. (　　)价格上涨的过程，很像弹簧受压并试图恢复原态的过程，而动力源于产业链的最上游。

A. 成本推动　　B. 原材料价格上涨

C. 产品供应过剩　　D. 需求拉动

6. 产品价格的上涨/下跌通常(　　)于原材料价格的上涨/下跌。因为“产品下线”时的原材料成本并不等于当前市场的原材料成本。如果产业链包括的加工（生产）环节越多，完成价格传导所需的时间就越长。

A. 提前　　B. 滞后

C. 同时　　D. 无关

7. 全球乙烯用石脑油约为(　　)，且最近5年的变化不大。而国内乙烯、PX和烷基苯消耗石脑油的比例大约为80%、18%、0.2%。

A. 5%　　B. 10%

C. 22%　　D. 30%

二、多选题

1. 按生产环节划分，LLDPE产业链包括：原油—(　　)—乙烯—(　　)—塑料制品等环节。

A. 石脑油　　B. 聚丙烯

C. 聚乙稀　　D. 二甲苯

2. 塑料制品的上游包括(　　)、(　　)和(　　)。

A. 原油　　B. 石脑油

C. 二甲苯　　D. 乙稀

3. 消费需求的增长，受到诸多因素的影响。建筑材料和工业用品有随(　　)增长的倾向。而生活用品有随(　　)和(　　)转变的倾向。特别是科学技术进步可能开发出新产品，创造新的需求。

A. 人口变化　　B. 消费偏好

C. GNP　　D. GDP

4. 原油价格的上涨会导致(　　)乃至(　　)的上涨，因为原材料价格的上涨提高了产品的生产成本。

A. 生产成本　　B. 生产利润

C. 生产价格　　D. 销售额

5. 无论需求拉动还是成本推动，都存在一种相反的运动状态——(　　)，以及(　　)。

A. 需求下降　　B. 成本增加

C. 需求增加　　D. 成本下降

三、判断题

1. 塑料制品需求的增长，不但有拉动塑料制品价格上涨的倾向，还可能带来原材料（比如LLDPE）需求的增长。（　）

2. 源于上游的成本推动指的是，来自于原油价格上涨的动力，有向下游传导的需要。而原油价格的下跌，也有向下传导的需要。（　）

3. 价格传导的时间往往与消费者是否认可，和认可的时间无关，这就是成本推动型价格传导具有滞后的内在原因。（　）

4. 即使“短期小幅波动”还没有完成传导，价格就已经恢复了原状，在这种情况之下，“短期或者小幅波动”依然会在一定时间内传递给下游。（　）

5. 石化行业通常用“乙烯价格—石脑油价格”来描述两者之间的价格关系。在正常情况下，两者之间的价差既包含了企业的平均生产成本，也包括了行业利润。（　）

6. 乙烯—石脑油价差反映的是行业的盈利水平。如果供不应求，价差就会缩小，企业就会获得超额利润。（　）

参考答案

一、单选题

1. C　2. D　3. A　4. D　5. A　6. B　7. C

二、多选题

1. AC　2. ABD　3. ABD　4. AC　5. ABCD

三、判断题

1. √　2. √　3. ×　4. ×　5. √　6. ×

第六章 生产企业利用期货工具的方法和效果

【本章要点】

本章首先介绍了企业生产经营过程中面临的风险，其次通过列举各种案例分析了企业如何利用期货工具解决产品价格下跌、库容紧张、现货供应短缺以及锁定原材料成本等问题。本章内容将有助于引导 LLDPE 上游企业合理利用期货工具进行经营管理。

一、生产企业在生产经营过程中面临哪些风险?

企业在生产经营过程中面临诸多风险，如价格波动给企业的原材料采购、产品销售带来的风险，以及企业签订进出口合同之后面临的价格波动风险。特别值得一提的是，当价格下跌时，企业库存价值也将面临缩水的巨大风险。

这种价格的不稳定性会给企业的生产经营带来极大的风险。随着全球经济一体化的推进及市场化程度的提高，价格波动将更为频繁。如果企业没有相应的风险管理工具，将是非常危险的。期货市场的存在，为企业提供了规避此类风险的场所和工具。

以生产型企业为例，按风险所处生产环节来看，其生产经营活动面临的主要风险有以下几种：

一是原材料采购环节中的风险。众所周知，原材料采购成本是企业生产成本的主要组成部分。因此，当原材料价格上涨时，企业将面临成本增加的风险。

二是产品销售环节中的风险。鉴于企业的生产计划性很强，且每月的产量相对稳定，一旦市场价格步入跌势，则很难保证未来下线的产品能够盈利，特别是对于产品价格随行就市的行业。这其中就包括 LLDPE 生产企业。

三是企业的库存风险。除尚未完成销售的产品需存放在仓库之外，生产型企业还需维持一定数量的原材料库存。在这种情况之下，一旦市场价格持续回落，库存原材料和产品价值将面临大幅缩水的风险。

换句话说，生产型企业不得不面对原材料价格上涨、产品价格下跌和库存价值缩水等多重风险，特别是在价格剧烈波动的情况下。另外，本章提到的生产企业是特指生产 LLDPE 的企业。

二、如何利用期货工具解决产品价格下跌的风险?

LLDPE 生产企业，最担心的问题之一是持有商品期间价格下跌，削减经营利润，甚至可能造成销售合同的违约，增加销售难度。

【案例 6 -1】

2011 年，全球经济复苏步伐缓慢，美国量化宽松政策致使美元贬值，人民币不断升值，国内通货膨胀问题严重，中国接连出台紧缩政策，使得大宗商品价格纷纷回落。LLDPE 市场形势更加严峻，下游需求不佳，社会库存大幅偏高，再加上买涨不买跌的心态支撑，使得企业的部分代理商拿货的积极性严重下降，甚至出现部分违约现象。事实上，2011 年 2 月之后由于受中东局势紧张和利比亚石油供应基本中断的影响，国际原油价格暴涨，从 90 美元/桶附近飙升至 100 美元/桶上方。

某企业本以为上游价格不断走高将会带动 LLDPE 价格上行，但出人意料的是，整个 3 月份 LLDPE 的市场价格整整跌了 500 元/吨，企业的库存不降反增。与企业签订合同的经销商屡屡抱怨市场不景气，拿货不积极，违约现象也时有发生，销售业绩明显下降。4 月初，LLDPE 的市场有所回暖，出货难的现象有所缓解，但是根据企业的调查发现，下游的需求并没有出现太多的好转，只是当价格有所上涨时一些随行就市的终端消费者出现了一定的补货现象。凭借企业多年的销售经验判断，社会库存偏多，价格下行的现象还会继续。因此企业准备参与期货市场的套期保值，将被动变为主动。该企业预计自己企业会有 5000 吨左右的量出现滞销或者待销状况，因此该企业准备对这部分产品进行保值。4 月 14 日，企业分步卖出 L1109 合约 400 手，开仓均价为 12000 元/吨，4 月 15 日再卖出 L1109 合约 200 手，开仓均价为 11800 元/吨，4 月 18 日又卖出 400 手，开仓均价为 11860 元/吨。之后的一个星期内期货价格出现了一定反弹，期货账户出现了净亏损，但都未触及企业设定的止损价位。不过，与此同时，企业出厂价从先前的 11300 元/吨上升至 11320 元/吨。综合期现两个市场，企业认为该套期保值可以继续执行。

5 月初，由于高盛连续出报告看空国际油价，致使油价在 5 月 5 日当日暴跌近 10 美元/桶，创出历史最大跌幅。这也基本上结束了 2011 年上半年的油价上涨趋势，致使国内市场看空心态加剧，LLDPE 市场价格随即大幅下挫。到 5 月中旬，企业觉得期货的超跌可能会迎来一波反弹，再加上期货价格的下跌幅度远超过现货市场，使期货市场出现了超额收益，这部分收益应该及时锁定。因此，企业决定暂时结束此次套期保值操作。5 月 17 日，企业以均价 10600 元/吨平仓了结。此时，企业出厂价为 11000 元/吨。此次套期保值的效果见表 6-1。

表 6-1　企业套期保值效果

	期货市场		现货市场
2011 年 4 月 14 日	卖出 L1109 合约 400 手，均价为 12000 元/吨	开仓均价为 11904 元/吨	现货市场价格为 11300 元/吨
2011 年 4 月 15 日	卖出 L1109 合约 200 手，均价为 11800 元/吨		
2011 年 4 月 18 日	卖出 L1109 合约 400 手，均价为 11860 元/吨		

续表

	期货市场	现货市场
2011 年 5 月 17 日	卖平 L1109 合约 1000 手，均价为 10600 元/吨	现货市场价格为 11000 元/吨
结果	期货市场盈利 1304 元/吨，总盈利为 652 万元	现货市场利润下降了 300 元/吨，共计 150 万元
套保效果	参与保值的 5000 吨 LLDPE 共盈利了 502 万元	

总结和启示：即使真的出现企业销售困难的情况，企业也可以利用期货市场将积压的产品释放出去，以解决销售不畅问题。如果操作得当，这部分利润的损失还可以通过期货市场的盈利来弥补。

三、如何利用期货工具解决库容紧张问题？

对于企业来说，合理地控制库存是非常重要的。在保证企业生产、经营需求的前提下，应使库存量保持在合理水平。合理库存有助于降低库存总费用，控制库存资金占用，加速资金周转等。而库存量过大则会导致生产经营过程中的各种矛盾和问题，不利于提高企业管理效率。那么，期货工具又能如何帮助企业灵活地调节库存呢？

【案例 6-2】

2010 年 2 月份，某生产企业的产成品已占企业仓储容量的 90% 左右，所剩库存空间极为有限，但企业仍然维持正常的开工水平。这意味着，如果近期不能快速实现销售，腾出库存，企业将面临没有仓储空间存放下线产品的问题。

为了缓解库存空间不足的矛盾，企业决定参与卖出套期保值，申请交割。一方面借助期货市场完成现货销售；另一方面，将库存产品转移至期货交割库，注册成仓单，为企业腾出仓储空间。操作过程如下：2 月 22 日，卖出 LLDPE 5 月合约 300 手（1500 吨），成交价为 12300 元/吨，而此时现货市场价格为 11500 元/吨。随后，由于社会库存的不断增加，期货价格一路下行。合约到期时，交割结算价为9750元/吨。企业卖出套期保值效果见表6-2。

表6-2　企业卖出套期保值效果

	现货市场	期货市场	备注（元/吨）
2010年2月22日	现货价格为11500元/吨	卖出L1005合约300手，价格为12300元/吨	基差=-800
2010年5月17日	现货价格为9750元/吨	到期交割L1005合约，交割结算价为9750元/吨	基差=0
套期保值效果	产品的实际销售价格相当于12300元/吨（不计任何费用）		

注：基差=现货价格-期货价格

总结和启示：以上是较为成功的一个案例。当企业仓满为患或者市场需求不旺时，期货市场就成为企业的一个销售市场。企业可以根据每个月的产量，有选择地对相关月份合约进行卖出套期保值操作，缓解企业库存容量不足的矛盾。

本案例是一个卖出套期保值案例，卖出套期保值的原始目的在于规避日后因价格下跌带来的亏损风险，但本案例的目的并不局限于规避价格下跌的风险，而主要是解决企业仓储空间不足的问题，同时还解决了现货销售的问题，为企业提供了一个全新的销售渠道。

四、如何利用期货市场，解决现货供应短缺的矛盾？

期货市场不断发展，除价格发现等功能外，其延伸出来的其他功能也被越来越多的企业所重视。企业不再被动参与，而是主动、灵活地运用期货市场的功能完善经营。比如，通过期货实物交割，为企业采购开辟了新途径。当现货市场供应紧张时，作为需求方，可以在期货市场上买入套期保值，一方面实现了套期保值的目的，另一方面可以利用交割手段弥补采购不足的状况。

【案例6-3】

2010年3月份，某大型石化企业的某条生产线出现故障，停机检修，导致短时间内当地市场 LLDPE 现货供应偏紧，影响到某企业采购计划的执行。老沈是某石化贸易企业的负责人。为了确保自己企业的生产经营活动不受影响，能够顺利履行对外销售合同，老沈决定选择参与期货交易，利用到期交割填补企业的采购缺口。鉴于当时企业对外交付 LLDPE 现货的时间是两个月之后，老沈就选择了买入两个月到期的期货合约。

事实上，老沈此次能如此快速地决定利用期货市场与他这几年对期货市场的密切关注不无关系。近几年，老沈已经习惯每天打开期货行情软件看看 LLDPE 的价格走势，与客户谈生意时也免不了要谈及期货行情，身边的生意朋友也都非常关注期货价格走势。按照他们行内的说法，现在不关注期货没法做生意，期货市场对现货市场的影响太大啦。虽然如此，但是老沈一直没有真正参与过期货交易，只是把它当做一种参考。不过这次不同，一是现在市场上的货源并不充裕，贸易商局部顺势抬价，采购并不理想。另外一个比较重要的原因，是老沈发现期货市场的价格相对现货价格出现了贴水，且幅度超过了 300 元/吨。凭借多年的分析和跟踪经验，老沈觉得这种贴水不会持续太久。也就是说，现在到期货市场买入套期保值是风险较小且有额外收益的时候。

在期货公司开设期货账户之后，老沈在 3 月 15 日买入 L1005 合约 300 手（2500 吨），价格为 10950 元/吨，而当时现货市场价格为 11300 元/吨，期货价格低于现货价格 350 元/吨。当然，如果未来一段时间内市场供应依然紧张，老沈将会继续通过期货市场买入，以补充采购需求。但到 4 月 15 日时，现货市场供应紧张的局面开始缓解，现货价格下跌至 11000 元/吨，L1005 合约价格为 11400 元/吨左右，较现货升水 400 元/吨。此时，老沈决定对冲平仓了结交易。具体操作见表 6 - 3。

表 6 - 3　企业买入套期保值效果

	现货市场	期货市场	备注
2010 年 3 月 15 日	现货价格为 11300 元/吨	买入 L1005 合约 300 手，价格为 10950 元/吨	基差 = 350
2010 年 4 月 15 日	现货价格为 11000 元/吨	对冲平仓 L1005 合约 300 手，价格为 11400 元/吨	基差 = - 400
盈亏分析	现货价格下跌了 300 元/吨	期货盈利了 450 元/吨	盈利 > 亏损

总结与启示：企业在生产经营活动中，从采购到销售经常会遇到各种各样的问题，期货市场可以充当调节原材料库存水平的有效工具之一。尤其是当期货价格被低估时，企业可以在期货市场上以低价完成采购。这一方面减少了企业的资金占用，另一方面也为企业开辟了可靠的采购渠道。

如果持有期货头寸期间，期货价格与现货价格的贴水减少或升水加大，那么企业可以选择采购现货，并对冲平仓期货头寸。这样可以使企业获得额外的收益；反之，企业应该维持到期交割的策略。

五、如何利用期货工具锁定原材料采购成本？

对于 LLDPE 生产企业来说，其上游涉及乙烯单体、石脑油和原油。它们的价格波动势必沿着产业链向下传导，从而影响 LLDPE 的价格变化。这种影响是一种成本驱动效应。大体上估算，1 吨石油大约能生产 200 公斤的石脑油以及 800 公斤的其他油品，而石脑油能够生产乙烯的收益率大约在 33%，乙烯与聚乙烯的生产比例基本是 1∶1。因此，当乙烯单体、石脑油和原油价格大幅波动或者持续变化时，将对原材料价格产生直接或间接的影响。例如，原材料价格的下跌，会降低企业的生产成本，从而提高企业的生产利润；反之，原材料价格上涨时，企业的成本也会随之上升，进而压缩企业的利润空间。因此，当企业预期乙烯单体、石脑油或原油价格将上涨时，生产企业可以利用期货工具，参与套期保值交易，锁定原材料价格上涨的风险。

【案例 6－4】

某石化企业是国内比较大型的中外合资石化企业之一。该企业有 8 套主要生产装置，具有世界级上下游一体化的特点，其乙烯、聚乙烯、苯乙烯、芳烃抽提以及聚苯乙烯等多套装置均达到世界级规模。企业每年可向市场提供国内紧缺的高质量、多规格、宽覆盖的石化产品超过 300 万吨。对于该企业来说，原材料成本是该企业的经营风险之一。

当时，想要参与国际期货市场只能跟具有我国香港分支机构的期货公司合作，因此企业从 6 家具有资质的期货公司中选定了两家综合实力较强、地理位置与企业自身较接近的期货公司进行合作。在两家期货公司的帮助下，企业首先建立了比较完善的套期保值风险管理组织架构：董事会与高管构成战略管理层面，相关职能部门形成监控和执行层面，聘请的期货专业人员形成了具体操作层面。

企业观察到8月份国际油价大幅下挫，但是凭借多年的经营经验，该企业战略管理层认为油价存在超跌现象，并且美国经济不容乐观，美元指数后期不断下行的可能性较大。技术面上，期价多次探及70美元/桶的位置，但均未跌破，这些因素都将支撑油价走高。经过半个多月的跟踪，油价确实出现了反弹，9月22日期货公司以及企业相关人员都认为油价上涨趋势已经确立，因此企业决定对10月份即将购进的3万吨石油进行套期保值。由于经验尚浅，企业仅对其中的40%～50%进行了套期保值。按照保证金15%，初始仓位在50%左右计算，企业的财务部将240万美金分别转入两个相应的银行账户，再通过银期转账方式将资金转入相应的保证金账户，于当日分别在两个账户中买入WTI原油12月合约100手（相当于10万桶），建仓均价为76.3美元/桶。当时该企业的炼油环节所使用的大庆原油结算价格为4282元/吨。正如企业所料，国际原油价格在盘整了数日之后出现了一波涨势。10月6日，该企业以4321元/吨的价格购进了生产所需的大庆原油，企业随即对期货合约进行平仓，两个账户的平仓均价为84美元/桶。

在此次操作中，该企业在期货市场上的盈利为7.7美元/桶，而现货成本上升了39元/吨。部分抵消了企业原材料价格上涨的影响。具体操作见表6－4。

表6－4　企业利用期货市场锁定原料采购成本的套期保值效果

	现货市场	期货市场	备注
2010年9月22日	大庆原油结算价为4282元/吨	买入WTI12月合约100手，价格为76.3美元/桶	利用原油和乙烯价格之间的相关性，对冲大庆原油价格波动风险
2010年10月6日	大庆原油结算价为4321元/吨	卖平WTI12月合约100手，价格为84美元/桶	国内原油结算价变动滞后，对冲效果并不稳定
盈亏分析	成本上升了39元/吨，需多付117万元	盈利了7.7美元/桶，共523.6万元	相当于购进成本为4185.5元/吨，减少了原材料成本上升带来的压力

注：吨/桶比为7.31。100000桶/7.31≈13680吨

总结和启示：

该石化企业是炼化一体化企业，其上游环节为炼油，下游环节包括烯烃裂解装置和乙烯聚合装置。炼油环节以大庆原油为原料，产品为各种油品（包括汽油、柴油、煤油、石脑油和燃料油等）。其烯烃裂解装置以石脑油（或化工轻油）为原料，聚合之后的产品包括各种型号的聚乙烯等。

事实上，可以将该企业聚乙烯产品的原材料看成是原油。不仅因为我国炼化一体化企业的各个环节并不单独核算，而且企业裂解环节所使用的石脑油和聚合装置使用的乙烯单体也并非外购。这就意味着，炼化一体化企业完全可以利用原油期货对冲原材料价格波动的风险。此案例就是炼化一体化企业利用期货工具，规避上游原材料价格波动风险的成功案例。该案例告诉我们一个事实：无论位于产业链的哪一个环节，只要存在相应的期货品种，都可以被企业用作风险管理工具，规避原材料价格波动的风险。

延伸阅读：内地期货公司在中国香港设立分支机构相关内容介绍

20 世纪 90 年代初期，国内期货公司代理外盘和设立海外办事处曾经风靡一时，但由于国际化经营风险频现，我国的政策就对国际化进行了限制。1996 年国内期货公司全部停止了国际期货交易业务。转机出现在 2003 年，在《关于建立更紧密经贸关系的安排》（CEPA）协议框架下，中国政府逐步允许部分内地期货公司在中国香港设立分支机构。2005 年 10 月 18 日，内地与中国香港签署 CEPA 第三阶段实施协议，根据其中有关推进金融服务业进一步开放的措施，规定自 2006 年 1 月 1 日起，符合条件的内地证券及期货公司可以在中国香港设立分支机构。因此，在 2007 年前后，南华期货、格林期货、永安期货、广发期货、金瑞期货和中国国际期货公司获得中国证监会同意分别在中国香港设立了分支机构。

在此之前的很长一段时间内，境内的投资者还不能直接通过国内期货公司参与境外市场，除非拥有境外国籍和资产。如果想投资海外期货市场，境内投资者必须先持有港澳通行证或有中国香港合法身份，在我国香港银行开户，并存入相应的外币资产，然后在注册于中国香港的期货公司（包括国内期货公司的分支机构）开户，在安装了客户端软件之后就可以交易了。整个流程也就5天左右。如果是要进行套期保值的境内机构客户，则需要在中国香港注册相应的子公司或者独立公司。这在很大程度上限制了国内投资者对国际期货市场的参与程度，而期货公司的中国香港分支机构的成立，为国内投资者投资境外市场的渠道打开了一个口子。通过这些分支机构，投资者可以交易几乎所有期货品种，包括外汇、指数、商品、有色金属、能源等，涉及中国香港联合交易所、CME，还有LME等多家全球顶尖交易所，而不只是局限于国内有限的几个期货品种。

根据相关实施细则，内地期货公司在中国香港设立期货公司必须符合5个条件：一是期货公司在近期没有重大违法违规行为；二是期货公司1年内平均期货保证金行业内排名必须在前30名；三是期货公司至少5年内有3年盈利记录；四是期货公司的注册资本不低于5000万元（人民币），其中净资本不低于4000万元（人民币）；五是期货公司应该有良好的法人治理结构和风险控制能力，具有良好的运作记录。

除上述5个条件外，内地期货公司在中国香港开办业务，还要求必须定期书面报告其经营状况；期货公司从业人员应具备中国香港从业人员资格，高管人员应具备中国香港期货高管人员资格。

此外，在中国香港分支机构完成设立之后发生以下事项的，应在3个工作日内向中国证监会报备：其他股东之间转让股权或增资；合并、分立、解散或者业务范围发生变化；对外股权、债权投资、委托理财或对外拆借超过100万港币；被中国香港证监会或行政、司法机关立案调查；累计亏损达到实缴资本的30%；其他对经营或财务情况有重大影响的事项。

自　测　题

一、单选题

1. 对于炼化一体化的生产企业来说，（　　）价格波动会对企业的生产成本产生影响。

A. 原油　　B. LLDPE

C. PVC　　D. HDPE

2. 2011年6月22日，大连商品交易所LLDPE主力L1109合约的价格为10500元/吨，其标的物的现货价格为10000元/吨，那么LLDPE的基差为(　　)。

A. 200元/吨　　B. 500元/吨

C. -500元/吨　　D. -200元/吨

3. 当LLDPE价格出现大幅下挫，其生产企业可以采取的套期保值方式是(　　)。

A. 买入原油期货合约　　B. 卖出原油期货合约

C. 买入LLDPE期货合约　　D. 卖出LLDPE期货合约

4. 2010年2月，由于其他货物入库增加，再加上LLDPE现货销售状况一般，某LLDPE生产企业出现了库容紧张现象，并且企业预计在未来一两个月内这种现象都可能延续，那么在期货市场上可以采取的措施是(　　)。

A. 买入LLDPE期货合约以期价格上涨带来盈利

B. 买入LLDPE期货合约并持有到期交割

C. 卖出LLDPE期货合约以期价格下跌带来盈利

D. 卖出LLDPE期货合约并持有到期交割

5. 某企业与下游企业有常年的LLDPE供货合同，当企业出现生产线停车，造成LLDPE供货紧张时，企业可以采取的措施是(　　)。

A. 买入LLDPE期货合约以期价格上涨带来盈利

B. 买入LLDPE期货合约并持有到期交割

C. 卖出LLDPE期货合约以期价格下跌带来盈利

D. 卖出LLDPE期货合约并持有到期交割

6. 当国际原油价格大幅攀升，并有继续上涨可能时，LLDPE生产企业可以采取的措施是(　　)。

A. 卖出套期保值　　B. 买入套期保值

C. 投机保值　　D. 套利保值

二、多选题

1. 企业参与期货市场的方式主要有(　　)。

A. 买入对冲平仓　　B. 卖出对冲平仓

C. 买入交割　　D. 卖出交割

2. 常见的套期保值方式有(　　)。

A. 买入套期保值　　B. 卖出套期保值

C. 投机套期保值　　D. 套利套期保值

3. (　　)企业可以利用 LLDPE 期货规避产品价格下跌。

A. 塑料制品　　B. 塑料加工

C. 乙烯生产企业　　D. 塑料贸易企业

4. (　　)企业可以利用纽约商业交易所（NYMEX）原油期货市场规避成本上升的风险。

A. 塑料制品　　B. LLDPE 生产企业

C. 乙烯生产企业　　D. 塑料贸易企业

5. 以下(　　)是 LLDPE 的上游产品。

A. 乙烯　　B. 聚氯乙烯

C. 原油　　D. 石脑油

三、判断题

1. LLDPE 生产企业会面临原材料价格上涨以及产品价格下跌的风险。(　　)

2. 企业在期货市场进行套期保值应当严格遵守数量相等、方向相反的原则，不需要过多关注进场时机和进厂价格。(　　)

3. 企业进入期货市场进行套期保值一定可以获得收益，从而弥补或增加现货的生产经营利润。(　　)

4. 企业参与期货市场进行套期保值效果的评定应结合期货和现货两个市场的结果，而不能单独看期货市场的盈亏。(　　)

5. 塑料生产企业的规模往往较小，因而在生产经营过程中，往往处于劣势。(　　)

6. 生产企业可以利用期货市场的卖出交割进行产品销售。（　）

7. 企业参与期货套期保值不一定要选择与自己的经营品种相同或接近的品种期货合约，只要价格走势相关性比较强就可以。（　）

8. 卖出期货合约能够规避企业原材料价格上涨的风险。（　）

9. 企业可以在任何一家期货公司开设期货账户从而进入国际期货市场进行交易。（　）

参考答案

一、单选题

1. A　2. C　3. D　4. D　5. B　6. B

二、多选题

1. ABCD　2. AB　3. CD　4. BC　5. ACD

三、判断题

1. √　2. ×　3. ×　4. √　5. √　6. √
7. √　8. ×　9. ×

第七章 塑料加工企业利用期货工具的方法和效果

【本章要点】

本章首先介绍了塑料加工企业在生产经营中面临的风险，其次通过列举案例的形式分析加工企业如何利用期货工具规避原材料价格上涨风险，锁定产品价格下跌风险，解决库存紧张问题以及规避进口产品价值缩水的风险。为LLDPE加工企业进入期货市场提供了具体的参考性的操作途径和方法。

一、塑料加工企业在生产经营过程中面临哪些风险？

塑料加工企业主要是指塑料制品生产商，如薄膜生产企业、电线电缆生产企业、管材生产企业、涂层制品生产企业等。本章将为您详细介绍：(1) 如果塑料加工企业已经签订了产品销售合同，且销售价格已经确定，则塑料加工企业应该如何利用期货工具，规避原材料价格波动风险；

（2）如果企业已经备货，但原材料价格趋于下跌，那么应该采取何种策略，规避库存原材料价值缩水的风险；（3）企业进口原材料时，应该采取何种策略，为进口原材料保驾护航。

与上游石化企业相比，塑料加工企业的规模往往较小，因而在原材料采购和产品销售过程中，往往处于劣势。一些规模较大的加工企业，可以成为石化的直接用户，享受计划供应和批发价待遇。但大多数企业只能通过石化代理商或在现货市场上采购原材料。产品的销售以签订销售合同或接受采购商订单的方式确定。

通常情况下，企业签订的合同或者订单都规定了产品规格、数量和交货日期。但对于价格的处理往往存在不同方法，如定价销售、结算价销售和按市价销售等方法。这就意味着，中小企业在原材料采购环节，或在产品销售环节存在价格波动的风险，或在两个环节同时存在价格波动的风险。还有可能就是企业在签订进口合同之后与货物到达国内港口之前存在价格下跌的风险。价格波动的不确定性，加大了企业的生产经营难度，很有必要找到一种实用工具和有效的策略，用以规避企业面临的各种风险。

二、如何利用期货工具规避原材料价格上涨的风险？

塑料加工企业一般会在接到订单之后才开始采购原材料并组织生产。因此，企业常常面临原材料（LLDPE）价格上涨的风险。如果塑料加工企业在接到订单的同时，就在期货市场上进行买入套期保值操作，则可以大大降低原材料价格上涨的风险，特别是在价格处于上涨趋势中的情况下。

【案例 7－1】

老张是一家农膜生产企业的负责人，其生产加工的主要原料是 LLDPE。2008 年 11 月初，企业接到于 2008 年 12 月初和 2009 年 1 月分批交货的农膜订单。当时 LLDPE 现货价为 7200 元/吨。老张和企业管理层经过分析认为，当时的原材料的价格已经基本接近底部，接下来 LLDPE 价格可能会上涨。但是直接买入原材料现货需要过多的资金和足够的仓库，显然这对老张所在的企业来说有一定的困难。为了解决以上问题，老张和管理层其他成员经过商议后决定在期货市场进行买入套期保值。

2008年11月12日，企业以6000元/吨的价格买入L0901合约20手(100吨)。订单要求该企业分两批交货（每批产品大约消耗原材料LLDPE50吨），两批产品必须分别于11月30日和12月10日之前投料生产。11月28日（第一批产品投料的前两天），该企业从贸易商处以市价8300元/吨的价格，购入LLDPE现货50吨，并以7100元/吨对冲平仓L0901合约10手（50吨）多头头寸。12月8日（第二批产品投料的前两天），该企业又以8400元/吨的价格从贸易商处购入现货50吨，并以7300元/吨的价格对冲平仓L0901合约10手（50吨）多头头寸，完成了此次套期保值交易，具体操作见表7－1。

表7－1　企业利用期货市场规避原料价格上涨风险的套期保值效果

	现货市场	期货市场	备注
2008年11月12日	现货价：7200元/吨	买入L0901合约20手 价格：6000元/吨	期货开仓，锁定价格
2008年11月28日	买入现货50吨 价格：8300元/吨	对冲平仓L0901合约10手 价格：7100元/吨	购入第一批原材料，并平仓对应头寸
盈亏情况	现货成本上升了1100元/吨	期货盈利1100元/吨	完全对冲
2008年12月8日	买入现货50吨 价格：8400元/吨	对冲平仓L0901合约10手 价格：7300元/吨	购入第二批原材料，并平仓对应头寸
盈亏情况	现货成本上升1200元/吨	期货盈利1300元/吨	盈利>亏损
套保效果	最终相当于以7150元/吨的价格购进LLDPE原材料		

总结和启示：尽管该企业在购买第一批LLDPE现货时，价格比当初直接购买多支付了5.5万元，但在期货上买入套期保值交易却盈利了5.5万元，两者相抵不盈不亏。而在购买第二批现货时成本上升了6万元，但在期货市场上套期保值交易却盈利6.5万元，两者相抵还盈利5000元。换句话说，通过此次套期保值交易，该企业不仅成功地锁定了原材料成本，还获得了5000元的额外收益，相当于以7150元/吨的价格购进LLDPE原材料。

三、如何利用期货工具锁定产品价格下跌的风险?

【案例7-2】

2009年8月初，塑料期货价格经过近一年的上涨之后，成功地运行于11000元/吨上方，并于8月13日触及了11980元/吨，距12000元/吨的高位仅20点之差。此外，随着国庆节长假的临近，市场预期LLDPE可能将面临产品过剩的压力。这一方面是由于价格过高抑制了部分需求，另一方面是由于新增产能的陆续投产，导致供应增幅超过了需求的增长。因此，国庆节长假前或长假之后，LLDPE价格或将大幅回落，同时，受原材料价格影响较大的下游制品价格也将会出现相应回落。

老张就是与大部分市场人士持相同观点的人，为了规避农膜产品价格可能下跌的风险，老张决定再次进入期货市场进行套期保值。于是在2009年8月17日，卖出了L0911合约200手（1000吨），建仓均价为11450元/吨，希望借助原材料与制品之间的相关性，对冲产品价格下跌所带来的风险。当时的企业农膜主产品的现货市场价格为17100元/吨。到了9月8日，L0911合约已经连续4个交易日止跌盘整，且塑料制品市场价格也出现企稳的迹象。因此，老张决定结束套期保值交易，将20手L0911合约对冲平仓。平仓均价为10330元/吨，此时农膜主产品的现货市场价格为16550元/吨，该套期保值效果见表7-2。

表7-2 企业利用期货市场锁定产品价格下跌风险的套期保值效果

时　间	现货市场	期货市场
2009年8月17日	农膜现货市场价17100元/吨	卖出L0911合约200手 价格11450元/吨
2009年9月8日	农膜现货市场价16550元/吨	平仓L0911合约200手 价格10330元/吨
盈亏情况	产品价格下跌550元/吨， 利润共下降55万元	期货市场盈利1120元/吨， 共112万元
套保效果	相当于产品最终销售价格为17650元/吨	

总结和启示：在此案例中，企业对产品价格的未来走势作出了较为正确的判断，且充分利用了原材料价格与产品价格之间的相关性，因而有效地对冲了产品价格下跌的风险。此外，由于期货市场具有助涨助跌的特性，该企业在期货市场上的盈利明显超过了产品价格下跌的幅度，给企业带来了额外的收益。

鉴于我国并没有塑料制品期货品种，塑料加工企业只能利用 LLDPE 期货对冲其产品价格下跌的风险。值得注意的是，只有与 LLDPE 相关性较高的品种才能被有效利用。通常情况下，在塑料制品中，消耗 LLDPE 的比例越大，与 LLDPE 的相关性也就越高。例如，农膜和大棚膜与 LLDPE 之间的相关性就比较高。因此，农膜生产企业完全可以考虑将 LLDPE 作为企业的风险对冲工具之一。

四、如何利用期货工具解决仓储空间不足的矛盾?

企业仓储空间通常与其生产或销售能力相配套，一般情况下并不会出现仓储空间不足的问题。但当企业预期原材料价格可能大幅上涨时，生产型企业往往希望采购更多的原材料，以供未来的生产之用。在这种情况下，即使企业拥有足够的采购资金，也难以回避仓储空间不足的矛盾。

【案例 7 -3】

2009 年 11 月 22 日，老张所在的企业与下游销售商签订了一份产品销售合同，交货日期为 2010 年 1 月 22 日，销售价格为合同签订时当地的现货价格。合同产品所涉及的原材料依然主要是 LLDPE，生产该批产品所需 LLDPE约 100 吨。合同签订之日，LLDPE 现货价格为 11500 元/吨，且按此价格计算企业盈利处于正常范围之内。但当合同签订时，企业已没有库存空间可供使用。

为了解决库存容量不足的问题，老张决定再次利用期货市场这把保护伞，于 2009 年 11 月 30 日买入期货 L1005 合约 20 手（100 吨），建仓均价为 11500 元/吨，相当于建立了 100 吨的虚拟库存。老张计划着待企业腾出库存空间，再购入现货，并对冲平仓期货，将虚拟库存转为实际库存。根据生产计划，1 月初企业即可腾出足够的仓储空间。

1月4日，随着两批产品的出库交货，仓库紧张问题随即得到解决，并且通过分析发现买入现货材料来得更加划算，因此老张决定结束期货市场的套期保值操作。此时L1005合约价格为12550元/吨，较建仓时上涨了1350元/吨。企业利用期货市场解决仓储空间不足的套期保值效果见表7-3。

表7-3　企业利用期货市场解决仓储空间不足的套期保值效果

	现货市场	期货市场	备注
2009年11月30日	现货市场价格11500元/吨	买入LLDPE1005合约20手 价格11200元/吨	基差=300
2009年1月4日	现货市场价格12300元/吨 企业购买100吨	卖出LLDPE1005合约20手 价格12550元/吨	基差=-250
盈亏分析	亏损：100×800=8万元	盈利：100×1350=13.5万元	盈利>亏损

总结和启示：尽管到1月4日时，现货市场价格上涨了800元/吨，导致企业的现货采购成本增加了8万元（100吨×800元/吨），但企业在期货市场上盈利了13.5万元（100吨×1350元/吨），因此，企业的实际采购成本不但没有增加，反而有所降低。这样不仅巧妙地解决了仓储空间不足的问题，还意外降低了原材料采购成本。这是企业参与期货套期保值交易所产生的贡献。

五、如何利用期货工具规避进口产品价值缩水的风险？

【案例7-4】

2009年8月21日，某塑料加工企业签订了一份从新加坡购买500吨LLDPE的进口合同，按合同约定的价格折算为人民币到港价是10300元/吨，而同期国内现货市场价格为10500元/吨，高于进口折算价200元/吨，进口有利可图。

鉴于运输时间（到国内港口）约需7天，且为了规避货物到港前价格可能下跌的风险，企业决定在期货市场上卖出LLDPE期货，锁定该批进口货物的价格。8月21日，该企业卖出L0912合约100手（500吨），价格

11400 元/吨。8 月 28 日货物到港时，L0912 合约价格为 11100 元/吨，企业决定对冲平仓。

企业利用期货市场规避进口产品价值缩水的套期保值效果见表 7－4。

表 7－4　企业利用期货市场规避进口产品价值缩水的套期保值效果

	现货市场	期货市场	备注
2009 年 8 月 21 日	国内现货市场价：10500 元/吨 进口折算到港价：10300 元/吨	卖出 L0912 合约 100 手，价格：11400 元/吨	锁定 100 元/吨基本利润
2009 年 8 月 28 日	国内现货市场价：10400 元/吨	买入对冲平仓 100 手，价格：11100 元/吨	对冲盈利 300 元/吨
盈亏分析	进口价格优势缩减 100 元/吨	期货盈利 300 元/吨	
套保效果	进口价格相当于 10000 元/吨，较国内现货价具有 400 元/吨的优势		

该企业最初的想法仅仅是进口有利可图，原材料便宜 200 元/吨，可以有效地降低企业生产成本。由于企业参与了期货套期保值，且期货市场的价格变化给企业带来了额外 300 元/吨的收益，是进口收益的 1.5 倍。

总结和启示：企业进口原材料的原因之一是进口成本低于国内现货市场价格。但货物到港之前存在着价格下跌的风险。如果在银行签发信用证后，企业卖出期货合约可以获得满意的收益，则企业应该选择参与卖出套期保值，锁定进口盈利或价格下跌的风险。尽管套期保值的原意是规避进口价格可能下跌的风险，但如果操作得当，还可以收到额外的收益。这是投机者所不具备的优势，而企业则得天独厚。

自　测　题

一、单选题

1. (　　)企业可以利用 LLDPE 期货，规避原材料价格上涨的风险。

A. 塑料制品/加工　　　　B. 乙烯生产

C. 石脑油生产　　　　D. 原油生产

2. 为了规避原材料价格上涨的风险，塑料制品/加工企业应该采取

(　　)的交易策略。

A. 买入套期保值　　B. 卖出套期保值

C. 投机套保　　D. 套利套保

3. 塑料制品/加工企业可以利用 LLDPE 期货，缓解企业(　　)的矛盾。

A. 采购资金不足　　B. 生产能力不足

C. 产品库存过高　　D. 产品供应过剩

4. 当 LLDPE (　　)时，塑料制品/加工企业可以买入 LLDPE 期货合约，并通过交割达到买入现货的目的。

A. 生产能力不足　　B. 现货供应短缺

C. 供应过剩　　D. 社会库存过高

5. 在进口业务活动中，为了规避进口货物价格下跌的风险，塑料加工企业应该采取(　　)的交易策略。

A. 买入套期保值　　B. 卖出套期保值

C. 投机套保　　D. 套利套保

二、多选题

1. 塑料制品/加工企业在其生产经营过程中可能面临的风险有(　　)。

A. 原材料价格波动　　B. 资金短缺

C. 仓储空间不足　　D 进口产品价值缩水

2. (　　)企业可以利用 LLDPE 期货锁定原材料采购成本。

A. 塑料制品　　B. 塑料加工

C. 乙烯生产企业　　D. 塑料贸易企业

3. 对于塑料制品/加工企业来说，LLDPE 期货有(　　)作用。

A. 锁定原材料采购成本

B. 缓解资金不足的压力

C. 解决仓储空间不足的矛盾

D. 作为原材料采购的一种补充渠道

4. (　　)企业可以通过买入 LLDPE 期货缓解资金不足的压力。

A. 塑料制品　　B. 塑料加工

C. 乙烯生产　　D. 塑料贸易企业

5. (　　)企业可以通过买入 LLDPE 期货解决仓储空间不足的矛盾。

A. 塑料制品　　B. 塑料加工

C. 乙烯生产　　D. 塑料贸易企业

三、判断题

1. 与上游石化企业相比，塑料加工企业的规模往往较小，因而在原材料采购和产品销售过程中，往往处于劣势。（　　）

2. 当塑料制品/加工企业需要采购大量原材料，又没有足够的生产能力时，可以选择买入 LLDPE 期货。（　　）

3. 塑料制品/加工企业买入期货合约能够规避产品价格下跌的风险。（　　）

4. 塑料制品/加工企业卖出 LLDPE 期货合约，能够规避库存原材料价值缩水的风险。（　　）

5. 塑料制品/加工企业可以将期货市场作为采购 LLDPE 现货的一种补充渠道。（　　）

6. 塑料制品/加工企业在 LLDPE 进口业务中，可以通过卖出套期保值规避价格可能下跌的风险。（　　）

7. 在卖出套期保值操作过程中，当企业完成了产品销售之后，如果期货价格有利，不需要将期货头寸进行平仓了解。（　　）

8. 利用 LLDPE 期货，塑料加工企业既可以将即将下线的产品进行提前销售，还可以规避价格可能下跌的风险。（　　）

9. 乙烯生产企业可以利用 LLDPE 期货规避原材料价格波动的风险。（　　）

10. 原材料价格上涨和产品价格下跌是生产型企业面临的两大主要风险。（　　）

参考答案

一、单选题

1. A　　2. A　　3. A　　4. B　　5. B

二、多选题

1. ABCD　2. AB　3. ABCD　4. ABD　5. ABD

三、判断题

1. √　2. ×　3. ×　4. √　5. √

6. √　7. ×　8. ×　9. ×　10. √

第八章
贸易企业利用期货工具的方法和效果

【本章要点】

本章首先介绍了贸易企业在经营过程中将会面临的风险，其次通过列举案例的形式分析了贸易企业如何利用期货工具采购现货并规避库存价值缩水的风险；如何结合期货与现货管理库存以及如何规避进口产品价格下跌的风险。本章内容为贸易企业更加灵活运用期货市场提供了参考。

一、贸易企业在经营过程中将会面临哪些风险？

塑料贸易商在LLDPE产业链中起着承上启下的关键作用，承担着组织流通、调节社会库存的重任。根据有关方面提供的数据，我国塑料贸易商总数超过万家，包括中石化和中石油代理商和非代理商两类。代理商的存在对活跃我国塑料市场，促进流通起到了积极作用。

一般来说，塑料贸易商对塑料价格的波动通常较为敏感，因为只有价格上涨时，贸易商才能够通过低买和高卖获得盈利。当价格长时期维持不变时，贸易商几乎难以盈利。当价格持续回落时，贸易商反而面临亏损的危险。

目前，我国的塑料贸易商分为石化代理商和非石化代理商两大类。前者可根据与石化签订的年度计划按月提货，并享受代理价；后者则只能通过直接进口，或在国内现货市场上，从其他贸易商手中进货。一般来说，只有规模较大的贸易商才能成为石化代理商，或者大型终端客户才能成为石化的直接客户。而其他大多数贸易商都无法获得代理商资格，因而只能通过现货市场进行采购。因此，普通贸易商能否盈利，完全取决于能否对价格走势作出相对正确的判断。

一般来说，价格上涨是塑料贸易商盈利的大好时机。因为，无论塑料贸易商以何种价格进货，卖出时都可以盈利，所以价格上涨时是贸易商盈利的最佳时机。而当价格持续下跌时，情况则完全相反，因为明天的市场价格必定低于今天的市场价，而企业的库存商品价值也面临不断缩水的风险。通常情况下，企业的风险敞口等于当期采购量减去当期销售量再加上期末库存水平。对于进口企业来说，还包括已经支付了货款，但仍未到港的进口货物。因此，价格持续下跌是塑料贸易商所面临的最大风险。

鉴于远洋货到港时间长达 40 ~ 50 天，而从韩国或日本进口的货物到港通常也需要 10 天左右。因此，在货物到港之前，企业的风险暴露在外，需要利用对冲工具规避价格可能下跌的风险。

此外，在较为极端的情况下，例如，在市场价格涨至高点之后突然逆转，那么此前以较高成本采购的货物，都将面临亏损的风险。价格趋势一旦逆转向下，贸易商手中的库存商品都将成为高价商品。如果没有对冲工具，贸易企业将难以避免亏损。

对于石化代理商来说，每当熊市来临之时，因为必须按计划提货，所以即使具有批发价的优惠待遇，也没有盈利空间。如果货物不能及时出手，则企业将面临亏损的风险。在这种情况下，只有“对冲工具”才是贸易商规避风险的有效手段。它不仅可以帮助企业降低风险，有时还可以完全规避损失。

在牛市环境下，贸易商通常很难获得足够的低价货源。然而，在价格持续上涨的情况之下，贸易商完全可以将期货市场作为一种补充进货渠道。在买入期货之后，企业既可以等待到期交割，也可以在适当的时候对冲平仓。通过期货市场的盈利，弥补现货市场价格上涨的损失，达到控制采购成本的效果。

此外，对于趋势不明显的行情走势，贸易商往往难以判断。在这种情况之下，贸易商通常都会减少交易。然而，对于震荡行情来说，利用期货工具更有助于现货交易。这是因为，只要期货市场价格高于“货物成本 + 预期利润”，贸易企业就可以通过期货市场卖出，相当于实现了现货销售。如果在期货市场上卖出之后价格开始回落，则企业不必等待到期交割，完全可以在期货价格贴水时对冲平仓，盈利离场。

通过以上分析，我们大体可以将价格走势分为三种情况：上行趋势、下行趋势和区间震荡。在第一种情况下，贸易商可以不必参与期货，除非无法以合适的价格采购到足够的现货；在第二种情况下，企业必须参与避险，规避价格下跌的风险，特别是在库存水平较高的情况下；在第三种情况下，企业可以利用期货工具，低价采购或高价销售。

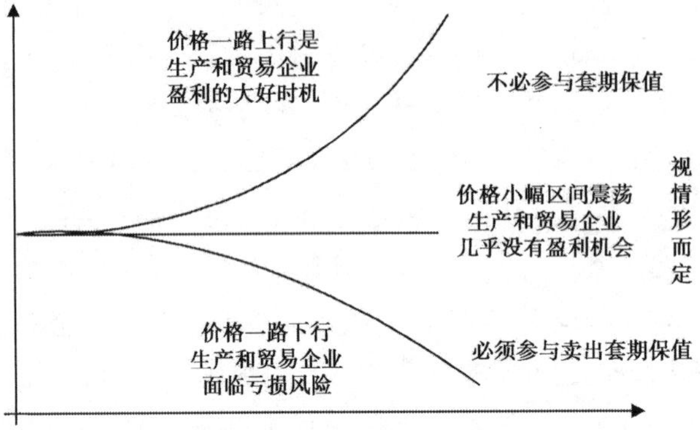

图 8－1　商品价格趋势与企业参与套保决策

资料来源：南华研究。

二、如何利用期货工具采购现货?

2009 年，虽然经受了金融危机的洗礼，但我国 LLDPE 价格一路上行，且年内只经历了两次较大的调整。第二次调整始于2009年8月中旬，且调整幅度较大，成交量也有所萎缩。但经济增长预示着需求仍将持续增加，经过适当调整之后，塑料价格可能触底反弹。特别是在国庆节长假前后，偏高的石化库存已经得到充分消化，趋势随时可能逆转。

【案例8-1】

某贸易企业决定在国庆节放假之前，趁价格较低时购买一批现货，充实库存。9月18日，现货市场价格为10150元/吨，而期货主力合约价格（L0911）仅为9790元/吨，较现货贴水360元/吨。企业迅速作出决策，买入L0911期货合约400手（相当于2000吨现货），锁定此批原材料采购的成本。

9月28日，L0911合约触底反弹，随后快速拉升。10月23日，L0911合约较现货价格升水扩大。企业随即以10900元/吨的价格买入现货2000吨，并以11100元/吨的价格对冲平仓所持有的期货合约。对冲平仓时期货价格较现货升水200元/吨，因而企业的平仓操作还获得了200元/吨的额外收益。事实上，由于企业建仓和平仓的时机选择得当，此次操作除对冲了750元/吨的现货损失之外，期货升贴水的变化（建仓贴水360元/吨和平仓升水200元/吨）还给企业带来了560元/吨的额外盈利。此次套期保值效果见表8-1。

表8-1　企业借助期货市场采购现货的套期保值效果

时间	现货市场	期货市场	备注
2009年9月18日	现货市场价格10150元/吨	买入L0911合约400手 价格9790元/吨	期货贴水
2009年10月23日	现货市场价格10900元/吨	平仓L0911合约400手 价格11100元/吨	期货升水
盈亏分析	现货价格上涨750元/吨	期货盈利1310元/吨	降低了成本
套保效果	相当于实际购进价格为9590元/吨		

总结和启示：因为期货与现货价格之间存在着升贴水，所以在结束买入套期保值交易时，还存在获得额外收益的可能性。【案例 8－1】是一个较为成功的交易案例，企业不仅借助期货工具锁定了现货采购成本，还充分利用了升贴水的变化，获得了部分额外收益。

三、如何利用期货工具规避库存价值缩水的风险？

【案例 8－2】

2009 年 2 月初，某贸易企业预计 LLDPE 价格有可能下跌，因此决定在期货市场上进行卖出套期保值，以锁定库存商品价值可能缩水的风险。2009 年 2 月 10 日，企业大约还有 500 吨 LLDPE 还没有销售，因此，企业以 9300 元/吨的价格卖出 L0905 合约 100 手（相当于 500 吨），当日现货市场均价为 9200 元/吨。

到 2 月 19 日，现货市场均价跌至 8800 元/吨，跌幅 400 元/吨。而期货市场价格下滑至 7800 元/吨，与建仓时相比跌幅高达 1500 元/吨。于是企业迅速将所持 L0905 合约全部平仓，成交价为 7800 元/吨（见图 8－2）。

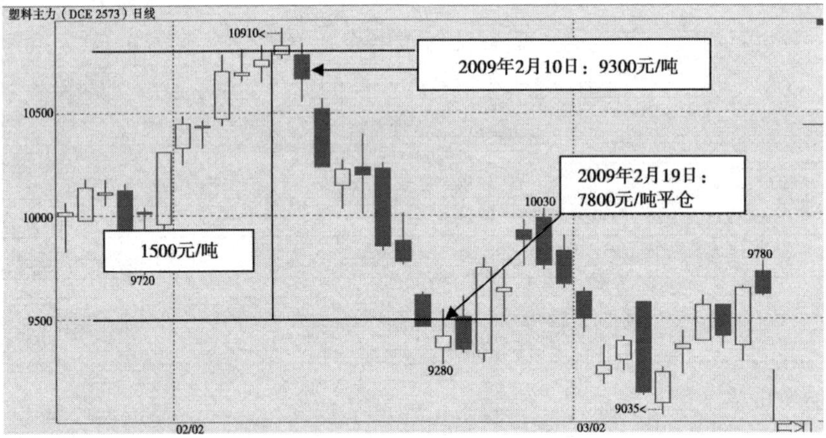

图 8－2　套期保值举例

资料来源：文华财经。

此次套期保值效果见表 8－2。

表 8-2　　企业利用期货工具规避库存价值缩水的套期保值效果

时间	现货市场	期货市场	备注
2月10日	现货价格 9200 元/吨	卖开 L0905 合约 100 手 价格 9300 元/吨	期货升水 100 元/吨
2月19日	现货价格 8800 元/吨	买平 L0905 合约 100 手 价格 7800 元/吨	期货贴水 1000 元/吨
盈亏情况	库存缩水 400 元/吨	期货盈利 1500 元/吨	额外盈利 1100 元/吨

此次操作中，企业较好地把握了卖出套期保值交易的进/出场时机，建仓时 L0905 合约价格高于现货价格 100 元/吨（升水），而离场时 L0905 合约价格却低于现货价格 1000 元/吨。L0905 合约价格的跌幅大大超过了现货价格的跌幅。不仅规避了现货市场价格下跌 400 元/吨的风险，且期货合约的超跌还给企业带来了 1000 元/吨的额外收益。

【案例 8-3】

2009 年 6 月，某企业还有大约 500 吨前期进口的 LLDPE 没有销售（成本 9500 元/吨）。如果现货市场价格下跌，且低于 9500 元/吨时，该批进口货物将面临亏损的局面。考虑到若以 9800 元/吨的价格完成销售，则企业还不至于亏损。6 月 4 日，企业以 9800 元/吨，抛空了 L0909 合约 100 手（500 吨）试图锁定盈利。

然而，企业抛空之后合约价格不跌反涨，企业随即于 6 月 8 日，当 L0905 合约突破 10000 元之后平仓止损（成交价 10020 元/吨），结束了此次套期保值交易。此次交易，期货账户共亏损 100 × 5 × 180 = 90000 元。如果企业以当时的现货市场价格完成销售，则销售利润将有所提高。尽管“止损”导致企业期货账户亏损，但却将期货账户的损失控制在可接受的范围内。更重要的是，现货市场价格的上涨将使企业有机会在更高的价位上完成销售。整体上看，此次套期保值操作增加了些许“保险支出”，但企业并没有失去盈利的机会，依然能够以高于 9800 元/吨的价格进行销售。

总结和启示：在上述两次套期保值交易中，企业第一次作出的预测与后来的走势相符，而另一次预测与事实不符。与预测相符的交易成功地规避了风险，且还有可能获得额外的收益；而与预测不符的交易则增加了一些“保险支出”，但并不构成风险。因此，贸易企业参与卖出套期保值的前提条件是“下跌趋势”，而非上行趋势。

四、如何利用期货与现货价格之间的相对变化管理库存？

在企业的生产经营活动中，塑料贸易企业既要注重维系客户关系，维持一定的市场份额，还要保证采购渠道的畅通，并维持相对合理的库存水平。一般来说，如果企业没有足够的库存储备，一旦市场价格开始上涨，企业将痛失盈利的大好时机。然而，如果库存水平过高，且市场一旦转空，塑料贸易企业又将面临巨大的风险。因此，库存管理对于贸易企业来说极为重要。通常，我们可以借助 LLDPE 期货，对塑料贸易企业的库存进行较为有效的管理。

【案例 8－4】

2010 年 1 月中旬，由于全球经济前景暗淡，以及国际原油价格高位回落，某塑料贸易企业开始担忧 LLDEP 价格可能步入跌趋势。鉴于当时库存接近 5000 吨，企业决定参与卖出套期保值，对冲库存价值缩水的风险。2010 年 1 月 21 日，企业观察到 L1005 合约较现货升水 650 元/吨，随即决定对库存储备的 50% 进行对冲操作，卖出了 L1005 合约 500 手（2500 吨），成交价为 12300 元/吨，当时的现货价仅为 11650 元/吨。

2 月 2 日，L1005 合约一度跌破 11200 元/吨，与企业建仓时的价格相比跌幅高达 1100 元/吨，且 L1005 合约与现货价持平。此外，随着价格的大幅回落，市场看空气氛逐渐减弱，因此，企业决定平仓 L1005 合约，结束套期保值交易。期货平仓成交价为 11200 元/吨，与现货价相同。此次套期保值效果见表 8－3。

表 8-3　　企业卖出套期保值效果

时间	现货市场	期货市场	备注
1月21日	现货价格 11650 元/吨	卖出 L1005 合约 500 手，价格 12300 元/吨	升水 650 元/吨
2月2日	现货价格 11200 元/吨	平仓 L1005 合约 500 手价格 11200 元/吨	无升贴水
套保效果	库存现货 5000 吨价值缩水 225 万元	500 手（2500 吨）期货盈利 275 万元	库存增值 50 万元

这一阶段的交易结果显示：尽管企业仅对 50% 的库存进行了保值，但由于期货合约的跌幅超过现货的一倍以上，因此 500 手（2500 吨）期货合约的盈利不仅完全补偿了 5000 吨库存商品的缩水部分，还获得了部分额外收益。这种结果告诉们这样一个结论：对冲效果与基差的变化有关。

2 月 22 日，L1005 合约在触及了 12320 元/吨之后开始回落，并于 2 月 25 日失守 12000 元/吨，市场气氛再度转空。因此，企业于 2 月 26 日卖出 L1005 合约 500 手（2500 吨），成交价为 11900 元/吨，当时的现货价为 11350 元/吨。3 月 15 日，L1005 合约跌破 11000 元/吨，而现货价为 11350 元/吨。企业决定以 1100 元/吨卖出现货 2500 吨，并将 500 手 L1005 合约平仓，成交价为 10950 元/吨。

3 月 15 日，企业以 11000 元/吨卖出现货 2500 吨，销售收入为 2750 万元。与 2 月 26 日的现货价相比，相当于现货销售损失 87.5 万元。不过，3 月 15 日，企业以 10950 元/吨的价格平仓 500 手的期货合约却盈利了 237.5 万元。期货盈利超过现货亏损的 3 倍。此次操作效果见表 8-4。

表 8-4　　企业套期保值效果

时间	现货市场	期货市场	备注
2月26日	现货价格 11350 元/吨	卖出 L1005 合约 500 手价格 11900 元/吨	升水 550 元/吨
3月15日	现货价格 11000 元/吨	平仓 L1005 合约 500 手价格 10950 元/吨	贴水 200 元/吨
效果	现货损失 87.5 万元	期货盈利 237.5 万元	盈利 150 万元

总结和启示：在前一个案例中，企业成功地借助期货市场的盈利，弥补

了库存价值缩水的部分，还获得了部分额外盈利。期间，企业的库存保有量没有发生任何变化。而在后一个案例中，企业借助期货工具锁定库存商品价值之后，选择了期货与现货价差较大之时，卖出现货，并平仓期货。其结果是，以盈利的方式完成了部分库存商品的销售。

五、签订进口合同后，如何规避价格下跌的风险？

【案例 8－5】

2010 年 4 月 28 日，某贸易企业与韩国某企业签订了一份进口 1000 吨 LLDPE 的合同。按合同签订之日的汇率计算，相当于到港价 10400 元/吨，而同期国内现货市场的 LLDPE 价格为 10900 元/吨。正常情况下，该批货物将于 10 天以后到达国内港口。

尽管国内现货市场价已经出现了企稳的迹象，但产能过剩的压力并没有消失。预示着国内市场依然存在着价格下跌的风险，特别是在进口货物到达国内港口之前。考虑到，如果以目前的现货市场价格出售，可以获得满意的利润，因此企业决定利用期货工具锁定价格。

4 月 28 日，也就是进口合同生效的当日，企业卖出了 L1009 合约 200 手（1000 吨），成交价 11400 元/吨，将价格锁定。到 5 月 7 日，L1009 合约破位下行，新一轮跌势成形。5 月 8 日，货物如期到港。5 月 18 日，价格继续下跌，且期货价格较现货贴水一度超过了 200 元/吨。鉴于期货价格贴水，企业将该批进口货物以 10200 元/吨的价格全部卖出，并将持有的 L1009 合约 200 手全部平仓，成交价为 10400 元/吨。此次套期保值见表 8－5。

表 8－5　企业利用期货市场规避产品价格下跌的套期保值效果

时间	现货市场	期货市场	备注
4 月 28 日	现货价格 10900 元/吨	卖出 L1009 合约 200 手 价格 11400 元/吨	升水 500 元/吨
5 月 17 日	现货价格 10200 元/吨	平仓 L1009 合约 200 手 价格 10400 元/吨	贴水 200 元/吨
套保效果	现货跌 700 元/吨 库存价值缩水 70 万元	期货跌 1000 元/吨 期货盈利 100 万元	风险全部规避并获 30 万收益

总结和启示：鉴于进口货物运抵国内需要一定的时间，通常从欧洲和北美运抵国内港口需 40～50 天，从韩国或者日本运抵国内至少也需 10 天左右。因此，在货物运抵国内港口之前，企业难以排除价格可能下跌的风险。

为了规避货物到达国内港口之前所面临的风险，企业可以借助期货工具进行对冲，锁定价格。如果没有相应的对冲工具，那么一旦市场价格下跌，企业将面临亏损的局面。

自　测　题

一、单选题

1. 塑料贸易企业在其经营活动中，面临来自(　　)环节的风险。

A. 采购　　B. 生产

C. 加工　　D. 销售

2. 当价格趋于上涨时，塑料贸易企业降低采购成本的方法之一，就是借助 LLDPE 期货，参与(　　)。

A. 买入套期保值　　B. 卖出套期保值

C. 投机套保　　D. 套利套保

3. 当价格趋于下跌时，塑料贸易企业锁定销售利润的方法之一，就是借助 LLDPE 期货，参与(　　)。

A. 买入套期保值　　B. 卖出套期保值

C. 投机套保　　D. 套利套保

4. 对于库存水平较高的贸易企业来说，当(　　)时，企业可以选择卖出现货，同时买入相应数量的期货，等待交割的策略。待完成交割后，库存商品的价值将有所提高。这是利用期货工具管理库存的方法之一。

A. 现货价格明显高于期货价格　　B. 现货价格明显低于期货价格

C. 现货价格与期货价格非常接近　　D. 现货价格完全等期货价格

5. 在进出口业务活动中，塑料贸易企业应该在签订 LLDPE 进口合同的(　　)，卖出相应数量的 LLDPE 期货，锁定销售利润。

A. 同时　　B. 之前

C. 之后　　D. 第二天

二、多选题

1. 塑料贸易企业可以利用 LLDPE 期货，规避来自(　　)和(　　)的价格波动风险。

A. 采购环节　　B. 销售环节

C. 生产环节　　D. 加工环节

2. 对于塑料贸易企业来说，LLDPA 期货的作用有(　　)。

A. 规避价格上涨的风险　　B. 规避价格下跌的风险

C. 作为采购的补充渠道　　D. 作为商品销售的补充渠道

E. 规避库存商品缩水的风险

3. (　　)在签订 LLDPE 进口合同时，可以同时卖出(　　)的 LLDPE 期货，以锁定企业的(　　)利润。

A. 塑料贸易企业　　B. 相应数量

C. 销售　　D. 生产

4. 对于维持较高库存水平的塑料贸易企业，应该密切关注现货与期货之间的(　　)和(　　)，以判断是否需要进行库存管理。

A. 价差变化　　B. 价差水平

C. 现货价格　　D. 期货价格

5. 当现货市场 LLDPE 价格持续下跌时，塑料贸易企业可以参与卖出套期保值。一方面可以(　　)，另一方面可以作为(　　)的一种补充方式。

A. 规避价格下跌的风险　　B. 现货销售

C. 现货采购　　D. 缓解资金不足的压力

6. (　　)可以将 LLDPE 期货市场作为产品销售的一种补充渠道。

A. 乙烯生产企业　　B. 塑料贸易企业

C. 塑料制品/加工企业　　D. PVC 生产企业

7. 当价格趋于下跌时，塑料贸易企业既可以利用卖出套期保值规避(　　)的风险。

A. 库存商品价值缩水　　B. 进口商品的价值缩水

C. 产品销售利润下降　　D. 原材料价格上涨

8. 期货市场为 LLDPE 贸易企业提供的便利有(　　)。

A. 保证金交易方式可以降低资金要求

B. 利用期货市场可以提前建立库存

C. 利用期货市场可以提前销售产品

D. 利用期货市场可以进行库存管理

三、判断题

1. 塑料贸易企业的经营活动经常面临价格波动的风险。（ ）

2. 塑料贸易企业在其经营活动中，只要时时关注现货市场动态就可以无需关注期货市场。（ ）

3. 与塑料加工企业不一样，塑料贸易企业不能将期货市场作为LLDPE现货采购的一种补充渠道。（ ）

4. 对于没有库存的企业，当现货价格高于期货价格达到一定程度时，可以采取卖出现货，并同时买入相等数量期货的方法，达到降低库存成本的目的。（ ）

5. 利用期货市场进行库存管理的必要条件是企业拥有充足的库存，且期货和现货之间的价差维持正常水平。（ ）

6. 当价格持续下跌时，塑料贸易企业不但无法从购销差价中盈利，库存商品价值还将面临缩水的风险。但塑料贸易企业可以借助LLDPE期货工具，参与套期保值，规避库存商品价值缩水的风险。（ ）

7. 在进口业务中，参与卖出套期保值的主要目的是规避进口货物运抵国内港口之前，价格可能下跌的风险。（ ）

参考答案

一、单选题

1. A　2. A　3. B　4. A　5. A

二、多选题

1. AB　2. ABCDE　3. ABC　4. AB　5. AB

6. AB　7. ABC　8. ABCD

三、判断题

1. √ 2. × 3. × 4. × 5. √
6. √ 7. √

第九章 研究分析让套期保值事半功倍

【本章要点】

本章主要介绍合理制订套期保值方案所需要考虑的环节，强调了行情研究对套期保值成败的重要性。本章结合一个完整的企业套期保值案例，阐述了企业套期保值的目的、进场时机选择、退出策略制定等。由于本章涉及内容较为综合，初学者可以根据自身情况选择阅读，跳过本章不影响后续章节的学习。

一、套期保值方案的制订需要哪几个环节？

套期保值企业应结合市场实际情况，设计适合企业的套期保值机制，满足各自不同的需求。如果企业常年根据生产经营周期，循环套期保值，那么估计企业得到的是市场的平均盈亏。如果企业把盈亏也作为套期保值成败的重要考量指标，那么选择合适的时机进入就显得格外重要。

前面六至八章我们针对上下游不同环节的企业做了套期保值案例的说

明，主要是让企业明白其在期货市场中的角色主要是由企业在产业链中的位置和风险点决定的，即企业担心涨就买入保值，担心跌就卖出保值。企业要了解自己的风险点和风险敞口，避险方法一定要与自己的生产经营方式和规模相匹配。但上述案例对企业套期保值前的行情分析着墨不多。事实上，行情分析是套期保值交易中非常关键的一个环节。一个完善的套期保值策略首先要从宏观角度确定套期保值策略，其次从产业角度判断套期保值时机，最后从基差角度选择套期保值入场和出场点。

产业角度是指企业应从生产利润、成本以及供需关系判断时机。行业毛利较大，生产企业的产量往往会增加，价格就有下跌的风险，卖出套期保值时机相对成熟。而如果毛利达到负值，生产企业减产的动力就会加强，价格易涨难跌，买入套期保值相对安全。另外，库存逐步增加，接近甚至超过历史平均水平就可以择机卖出套期保值；反之做买入套期保值。

基差是期货交易很重要的一个概念，它的极端值对行情判断也颇有指导意义。当基差为负数且远远偏离正常值时，对于生产企业来说就可以选择卖出套期保值；反之，就需要谨慎。

一般来说，当宏观、产业基本面和基差三个角度均有利于行情发展时，套期保值的风险系数就较低。当三者影响方向不一致，企业就要从时机和仓位数量上进行斟酌。

二、一个完整的套期保值案例

背景介绍：进入 2011 年，中国继续维持紧缩的货币政策及其他措施，以对抗逐渐攀升的通货膨胀。这种政策取向已经取得了一定的成效，至少产生了短期效果。此外，国内 LLDPE 库存处于高位，其中包括石化库存、贸易商库存、终端用户库存和交易所库存（仓单），且下游用户采购不积极。

面对错综复杂的环境，一些 LLDPE 贸易企业开始担心，LLDPE 价格可能会持续走低。这时贸易企业开始考虑动用期货工具，参与套期保值，规避价格可能下跌的风险，因为贸易企业的库存水平普遍偏高。

在决定是否入场交易之前，某企业要求期货公司对 LLDPE 的市场情况进行综合分析，并提供相应的套期保值方案。仅在企业提出要求的第二天，期货公司就将《LLDPE 春季套期保值方案》交给了企业见延伸阅读。

延伸阅读：LLDPE 春季套期保值方案（2011 年 1 月 4 日）

前言：

库存管理是企业经营管理的重要组成部分。对于价格波动较为剧烈的 LLDPE 市场，当价格持续上涨时，库存无疑是生产加工或贸易企业的巨大财富。然而，当市场价格持续下跌时，库存必将成为最大的风险源。因此，库存管理也就成为了生产加工或贸易企业经营管理的核心内容之一。而期货市场及其品种的存在，则为我们提供了规避风险的场所和工具，使得塑料加工或贸易企业避免库存价值缩水成为可能。

规避库存价值缩水的基本方法，就是在跌势形成的初期，及时卖出相应数量的期货合约（与库存商品数量相一致），将库存商品的价格锁定。而且，在跌势结束前后，对冲平仓离场。然而，操作能否成功的关键在于：（1）正确地判断趋势；（2）估计价格运行的空间（包括上方阻力位和下方支撑位）；（3）确定入场时机；（4）制定退出策略（包括止盈和止损）。

本报告就近期影响 LLDPE 走势的主要基本面因素进行研究分析，并为可能展开的中级调整制订了套期保值方案。

基本观点：

为对抗通货膨胀，中国已开始推行收紧货币政策，并执行其他措施，试图稳定物价。这种政策取向已经取得了一定的成效，至少产生了短期效果。

根据大连商品交易所交易规则规定：LLDPE 仓单将于 3 月合约到期，且完成交割之后将全部注销。届时，将有 13.79 万吨 LLDPE 流入现货市场（2010 年 12 月 29 日仓单数量是 27583 张，约合 LLDPE137915 吨）。正是这种预期，对近月合约（1 月和 3 月合约）构成了打压。

春节长假期间，国内塑料制品企业大多停产放假，但石化 LLDPE 生产装置却继续运转。因此，不排除春节过后石化库存水平过高的可能性，特别是在冬季需求高峰逐渐消退的情况之下。而这正是决定 LLDPE 是否存在套期保值机会的关键。

美国西德克萨斯中质原油将在冬季消费高峰过后适度调整，预计将从年内高点（95 美元/桶附近）开始回落，第一和第二支撑位为 85 美元/桶和 80 美元/桶。一旦美国西德克萨斯轻质原油展开调整，LLDPE 必将对此作出反应。

货币政策趋紧，仓单即将流出，春节假期供应增加，原油回调等因素的存在，使得 LLDPE 展开调整的概率增加。这是企业近期需要考虑卖出套期保值的基础。

利多因素：（1）目前石化不存在库存压力；（2）2010 年的过剩产能得以逐渐消化，未来可能处于相对均衡或者供应偏紧的状态；（3）存在流动性过剩或通货膨胀预期的压力。

回调的时间窗口分析：

何时或能否参与卖出套期保值的关键，在于石化（中石化和中石油）是否存在库存过剩的压力，以及美国西德克萨斯中质原油是否遇阻并展开季节性调整。现将近期市场可能出现的利空因素，及其发生时间表述如下：

（1）石化库存出现压力的时间窗口：2011 年 2 月 8 日之后（否则会成为利多因素）；

（2）仓单流出的时间窗口：2011 年 3 月 14 日之后（影响持续时间较长）；

（3）原油调整启动的时间窗口：2011 年 1 月 21 日 ~2 月 3 日之间；

（4）春节假期休市：2011 年 2 月 2 日 ~2 月 8 日。

预计，如果（1）和（3）情况同时出现，且形成共振，则 LLDPE 必将展开深幅调整。因此，春节开盘之后，且美国西德克萨斯中质原油回调之时，或许就是卖出套期保值的大好时机。

技术分析：

如图 9－1 所示，L1105 合约在 12800 元/吨上方存在较大的阻力，如果得不到供应紧张或需求增长的支持，L1105 合约不大可能继续上行。此外，一旦调整展开，第一支撑位位于 12000 元/吨一带，且一旦跌破 12000 元/吨，下行空间就将打开。而其他下方支撑位分别位于 11500 元/吨和 11000 元/吨处。

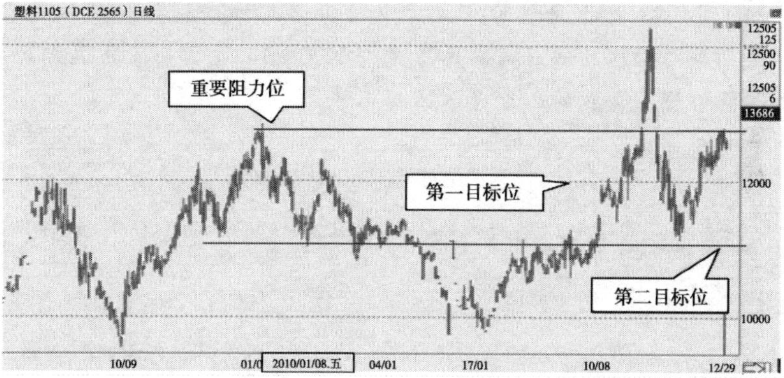

图 9－1　L1105 合约的重要价位

下行空间判断：

根据以往的经验，只要石化出现了库存压力，且周围市场并非处于强劲牛市的情况下，LLDPE 的调整空间常常可达到 1000 点左右。而完成调整通常伴随着 3 次左右的石化降价。也就是说，1000 点或者石化 3 次左右的降价，是我们可以用于判断下行空间的依据。

根据以上分析，可以考虑当 L1105 合约跌破 10 日均线之时入场，适量抛空，并在跌破 60 日均线，和 12000 元/吨后增持空单规模。

市场结构分析：

目前的市场结构，主要以 3 月合约为分水岭。近期合约价格受到压制，远期合约价格明显升水，因为存在着仓单注销（约 13 万吨）流入现货市场的压力，且市场普遍认为远月合约（即 L1105 合约）具备拉升的条件。进入 4 月份之后，随着春季需求的出现，市场或将再度呈现供应偏紧的局面。

然而，社会库存的存在及3月份注销仓单的冲击，加之农膜需求高峰的过去，或将有机会改变目前的市场结构（远期升水超过1000点以上）。一旦市场气氛发生变化，巨大的远期升水将开始回落，不排除给卖出套期保值带来额外收益的可能性。

如图9-2所示，自2010年10月11日以来，5月合约较1月合约的升水快速拓宽。仅从10月26日至12月中旬，就扩大了近600元/吨。如果到了2月底或3月初时，现货市场价格无法向远期合约价格靠拢，那么远期合约价格的回落将在所难免。因为买入现货并卖出远期合约的力量必将迫使不合理的远期升水回归正常。

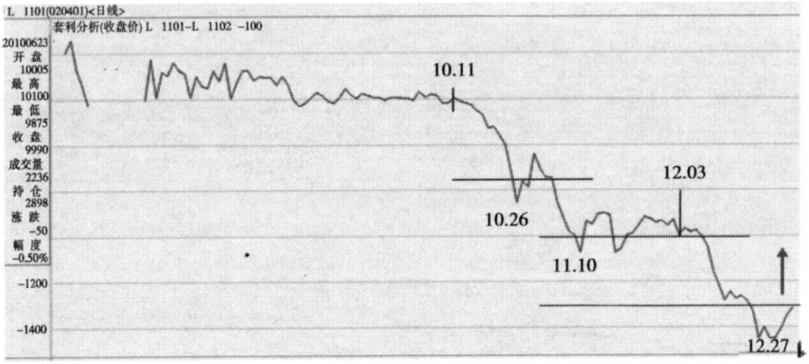

图9-2 L1105合约与L1101合约的价差走势

预计，进入3月份之后，5月合约较现货升水应该在200元/吨左右，最多不超过300元/吨。换句话说，除非现货涨至12000元/吨，否则L1105合约价格应该跌至“现货市场价格+300元/吨”下方。而目前的现货市场价格仅为11000元/吨左右，上涨1000元/吨的概率不大。

退出策略：

“退出策略”指的是止盈和止损的方法和策略。一般情况下有两种方法止损：一种是“承受能力止损法”。也就是说，一旦价格向相反的方向运行，且损失达到企业所愿意承受的程度则立即止损。另一种是“验证判断错误止损法”。也就是说，只有验证了此前的判断属于错误判断之后，才予以止损。当然，也可以将以上两种方法合并运用。

事实上，进入2010年11月，期货市场主力资金便开始从L1101合约向L1105合约转移。到2011年2月10日，L1105合约的持仓突破了20万手。2月14日，L1105合约一度高达12500元/吨。当时，现货市场价仅为11000元/吨左右，期货升水高达1400元/吨左右。换句话说，除去持仓成本及费用，L1105合约价格高于现货市场价格约1000元/吨。

鉴于上述情况，该企业决定采纳期货公司的建议，分别于2011年2月18日、21日、22日三个交易日，先后卖出L1105合约共1000手（5000吨），将5000吨库存产品价格锁定，建仓均价为12000元/吨。事实上，该企业的库存总量超过7000吨，参与保值的部分约为70%。具体效果见图9－3和表9－1。

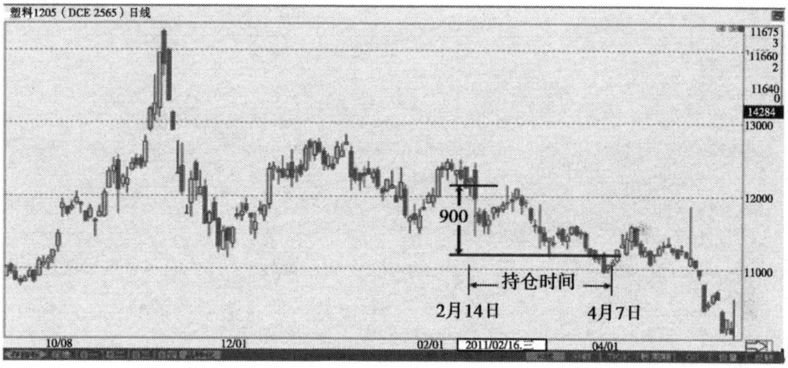

图9－3 套期保值操作时间及价位变化

表9－1 套期保值效果

时间	现货市场	期货市场	备注
2011年2月18日、21日、22日	现货市场均价11000元/吨	卖出L1105合约1000手 成交均价12000元/吨	移仓导致远期升水位于高位
2011年4月1日、6日、7日	现货市场均价11000元/吨	平仓L1105合约1000手 平仓均价11100元/吨	升水回归正常
效果	现货价格小幅波动	期货头寸盈利900元/吨	盈利450万元

企业完成建仓后，L1105 合约开始震荡下行，现货市场销售难度加大。到 4 月 1 日，L1105 合约价格跌至 11000 元/吨，与现货价格之间的超额升水基本消失。在这种情况之下，该企业开始抛售现货（于 2011 年 4 月 1 日、6 日、7 日三个交易日完成了 5000 吨现货的销售），并按实际销售现货的速度分批平仓期货头寸。期货平仓均价约为 11100 元/吨，现货销售均价约为 11000 元/吨。

此次套期保值交易，期货头寸盈利 450 万元（900 元/吨 × 5000 吨），获得了良好的对冲效果。事实上，在整个套期保值交易期间，美国西德克萨斯中质原油价格一路走高，涨幅接近 10 美元/桶。在这种形势下，现货市场价格几乎没有多大的变化，但高企的期货远期升水逐渐收窄。

第十章 套利交易

【本章要点】

本章主要介绍套利交易。套利是期货市场的交易方式之一，具有成本较低、风险较小等优势。本章对正向套利、反向套利、期现套利、跨市套利等具体操作分别进行了介绍，且对套利成本和注意事项做了详细讲解，供读者参考。

一、套利无处不在？

套利行为在管制时代被称作“投机倒把”，但现在我们往往把套利者看做精明的投资者。“套利”在金融学中是很重要的一个概念，套利者是驱动资产价格定价更趋合理所必须的一种参与主体。在经济学领域是，套利者更是被大加赞赏，因为客观上，正是他们可以给辛苦的供给者与不易的需求者以更为合理的价格。

在金融市场里的套利行为是套利被发挥到极致的行为，但套利并非是金融市场的专利，生活当中或许我们无意识地就做了把套利交易。比如，由于一些进口商品进入境内要征收各种税费而价格昂贵，而相同商品在国外则相对实惠，于是国内游客就涌向海外采购，这其实就是套利行为。再比如，中国香港的楼价是全球定价，一平方米少则三五万元，多则几十万元，河对岸的深圳则一平方米只要一两万元，于是很多我国的香港同胞将资产配置的触角放在了深圳，因为巨大的价差吸引了常在两地摇摆生活的人群，甚至是投资客。类似这样的例子很多，生活当中的套利很容易实施。原理就是，只要存在价格差异——不论空间还是时间，理论上都会存在套利空间——这需要细心观察和认真思考。

期货市场的套利也类似，当相关商品之间、不同合约之间、期货与现货之间、国内市场与国际市场之间的价格出现不正常的价差时（价差大于交易成本），投资者就可以通过低买高卖获利。

二、如何利用合约之间的不合理差价盈利?

在商品期货市场中，合约价格之间的关系变化往往会为投资者提供一些操作依据。我们把针对不同月份合约之间不合理价差的交易称作跨期套利。按所买卖的合约月份以及买卖方向的不同，跨期套利可以分为正向套利、反向套利和蝶式套利。无论采取哪种操作模式，其本质都是针对不同月份合约同时进行买低卖高，即买入价值被低估月份的合约而卖出价值被高估月份的合约。正向套利的原理是：当前远月合约和近月合约的价差大于持仓成本时，就可进行套利。到期交割时，超过持仓成本的差价部分即是套利交易的收益。套利交易具有以下优越性：风险小、固定收益率高、兑现性好。

我们首先重点介绍如何捕捉正向套利机会。

一般来说，近月合约价格高于远月合约，代表现货供应相对紧张或供应趋于紧张。因为在供应紧张的情况之下，投资者往往更加愿意持有现货，其结果会进一步推高现货和近月合约价格，形成近高远低的排列态势。在这种情况之下，持有多头头寸除了可以获得价格上涨的收益之外，在合约到期前移仓（平仓近月合约，买入远月合约）还能获得一定的移仓收益。因为在牛市环境下，随着时间的推移，期货价格有向现货价格靠拢的倾向。

尽管在牛市环境下，近月合约与远月合约的价差将会拉大，但价差不会一直朝一个方向运行，达到一定程度必然会有峰回路转之时。套利就是要把握好价差的转折。

从2009年8月份开始，L0911合约与L1001合约的价差开始扩大，从50点直接扩大到了150点左右。尽管当时L0911冲击12000点未果开始下挫，但市场对此的普遍判断仍然是调整，并由于预期未来将迎来农膜的需求旺季，认为后市上涨的可能性较大。因此，合约间呈现了近弱远强的格局，L0911下跌比L1001快，L1001的价格相对坚挺。

但是，9月14日，即美国轮胎特保案通过后的第一个交易日，能源化工类产品受上海的天然橡胶跌停的拖累全线暴跌，LLDPE也不例外，L0911和L1001两个合约的价差迅速收窄。随着原油上行受挫，基本面诸多利空因素出现，LLDPE期货价格继续下探，价差收窄幅度加大，且最终转为负价差，形成了近强远弱的格局。也就是说，市场格局从正向市场转变为反向市场，前后价差相差了近300点。

随着主力开始移仓，L1001合约的跌幅超过了L0911合约，近强远弱的格局进一步强化。这阶段市场格局的转化（从正向市场转向反向市场）过程正是套利的大好时机（即买入L0911合约，抛空L1001合约）。其效果见图10－1。

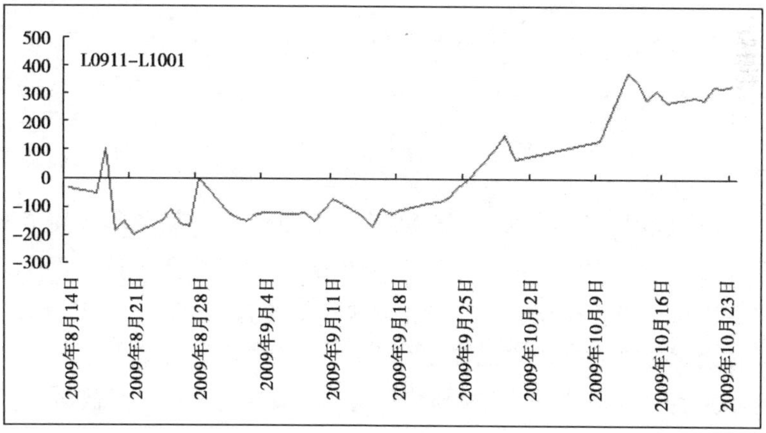

图10－1　L0911与L1001价差图

资料来源：文华财经、南华期货。

敏感的投资者Y先生正是这波行情的受益者。他在2009年8月17

日买入 L0911 合约，开仓价为 11250 元/吨，同时卖出 L1001 合约，开仓价为 11350 元/吨，远月和近月合约价差为 100 元/吨。2009 年 10 月 16 日，两合约价差缩小至负 270 元/吨，每吨可盈利 370 元。Y 先生一贯的交易风格是及时兑现盈利，落袋为安，不在没把握的时候恋战，而且 L0911 合约已临近交割月。于是，他当天以 10520 元/吨的价格卖出 L0911 合约，同时以 10250 元/吨的价格买入 L1001 合约。实现了 370 元/吨的盈利(见表 10－1)。

表 10－1　　正向套利效果

	期货市场	期货市场
2009 年 8 月 17 日	卖出 L1001 合约， 价格 11350 元/吨	买入 L0911 合约， 价格 11250 元/吨
2009 年 10 月 16 日	买入 L1001 合约， 价格 10250 元/吨	卖出 L0911 合约， 价格 10520 元/吨
盈亏	盈利 1100 元/吨	亏损 730 元/吨
总盈亏：盈利 370 元/吨		

这个套利跨越了国庆节长假的“持仓危险期”，单边持仓不确定风险较大，但套利组合后，可以避免这种系统性风险，因此是这阶段不错的交易策略。

尽管，理论上不同合约之间的价差都围绕持仓成本波动，但作为一种工业品，影响 LLDPE 价格的因素比较复杂，特别是宏观经济状况和消费的季节性变化对价格的影响较大，不宜简单根据持仓成本判断是否存在套利机会。一般来说，是否存在套利机会，取决于是否存在形成套利机会的基本面因素，如宏观经济走向、市场投资气氛、LLDPE 本身及其上下游供需关系等。特别是在经济形势比较极端或微妙的情况下，一旦市场情绪（乐观或悲观）发生变化，将会对价差产生极大的影响。

因此，关注经济大环境和大宗商品的整体走势（而非仓储成本）是把握跨期套利的关键，摸索出合约价差的波动区间则更具有操作意义。

如何确定跨期套利的合理区间

确定跨期套利的合理区间通常存在两种模式：一是传统的持有成本理论模式，二是统计套利模式。持有成本理论模式是在考虑了时间价值等因素的基础上，用持有成本模型测算出两个合约之间的理论价差，然后再加上（或减去）期货交易成本，从而确定两个合约之间的无套利区间。一旦价差超出边界一定数量时则认为存在套利机会。

统计套利模式是基于对合约价差的观测，进而确定价差合理区间的一种方法，也是目前国外投资机构普遍采用的一种方法。其优点在于，可根据投资者的风险偏好，设置相应的套利区间，且交易机会较持有成本理论模式多，也是各国专业资产管理机构或投行广泛采用的方法。

延伸阅读：正向套利有风险吗？

正向套利由于具有不仅通过对冲平仓获利，而且可以最终交割获利的套利特点，常常被称为低风险甚至无风险套利。但事实上，这种买近卖远的套利交易同样是有风险的。当远近月价差出现套利机会，投资者在进行了买近卖远的套利操作后，如果价差缩小，当然可以实现双向对冲，获利出局。但如果二者价格差继续扩大，不得不通过交割完成套利操作时，就会有风险了。如果进行交割，远近月合约间的费用大致包括几个方面：资金利息、交易手续费、仓储费、交割费用、增值税等。上述几项费用中，不确定的主要是交易保证金占用资金利息和增值税。特别是增值税，在近月完成交割后，如果远月继续大幅上涨，则增值税的支出将可能持续增加，将很快使不多的预期利润消失，甚至出现亏损。

值得一提的是，在实际交易中，正向套利的“无风险”套利机会很少见，预期利润也比较低，很容易随着交易保证金的资金利息占用和增值税的增加而消失。如果投资者发现并抓住了不多的正向套利机会，在近月合约交割后，就应该时刻关注远月的牛市是不是在继续深化。如果远期价格暴涨，增值税等费用支出可能会远大于预期获利，在盘面上平掉远月合约空单，并将近月所接仓单流向现货市场是较好的选择。

最后，在跨期套利中，不论是依据价差的历史水平，还是依据资金青睐远月的经验，或是依据个人对行情的牛熊判断，跨期套利决定往往是在认为“市场不合理”情况下做出的。所以，止损往往难以设定。因为如果价差继续向不利于我们的方向发展，我们主观上会认为“更加不合理”，而拒绝采取行动。其实，历史不一定重演、经验不一定可靠、判断不一定准确，随时依据市场新的变化，与“市”俱进才是正确的操作思路。

三、什么是期货合约之间的反向跨期套利？

反向套利，指的是在买入远月合约的同时卖出近月合约的一种交易方式。其中，买卖的合约月份不同，但数量相等。一般来说，当现货市场供应充足，且未来供应可能减少时，投资者可以进行反向套利。反向套利的结果是：在正向市场（近月合约价格低于远月合约）上，远月合约与近月合约之间的价差就会扩大；在反向市场（近月合约价格高于远月合约）上，近月合约与远月合约之间的价差就会缩小。反向套利具有一定的风险，因为当现货市场价格的涨幅超过远期价格的涨幅，或现货市场价格的跌幅小于远期合约价格的跌幅时，投资者就无法转嫁风险（即没有现货可供交割）。

2009 年 9 月，受原油跌破 70 美元/桶、交割货源提前涌入市场，以及其他利空因素的影响，国内 LLDPE 现货和期货两个市场出现暴跌。两大石化集团贴近市场价进行结算似乎默认了市场的下滑。此外，国庆假期期间货源将会有所积累的预期，迫使石化企业节前清仓，导致市场气氛颇为悲观，抛货随处可见。总体来看，在需求起色不大的情况下，供应压力是当时影响市场的最大利空因素。其结果是，在悲观的市场气氛下，L1001 合约与 L0912 合约之间的价差迅速缩小，并在 30 ~ 50 元/吨之间波动，大大低于两合约之间的合理价差（持仓成本）。此外，12 月份开始，农膜的备货需求将逐步启动，远月合约价格有望受到需求支撑而被逐步抬升；相反，近月合约由于短期内存在去库存化的要求，价格面临下行压力。因此，远月和近月合约之间的价差将有扩大的可能。

【案例 10－1 ——反向套利】

张先生虽不是风险厌恶者，但绝不是风险偏好者，他喜欢用稳健的交易策略制胜。所以，套利是他关注颇多的一种策略。尽管反向套利风险较正向套利要大，一般也并不建议轻易采用，但在对行情判断较有信心时，也不防尝试。

经过理性分析，张先生认为这次出现的反向套利机会风险相对较小，可以轻仓操作。于是，2009 年 9 月 16 日，张先生买入了 L1001 合约 10 手，期货成交价为 10145 元/吨，且同时卖出了 L0912 合约 10 手，期货成交价为 10115 元/吨，两者价差为 30 元/吨。到 2009 年 11 月 20 日，两个合约之间的价差扩大至 150 元/吨。该投资者认为价差已经回升到了合理偏差的范围，且 L0912 合约临近交割，因而以 10510 元/吨的价格卖出平仓 L1001 合约，同时以 10360 元/吨的价格买入平仓 L0912 合约，结束了此次套利交易。具体效果见图 10－2、表 10－2。

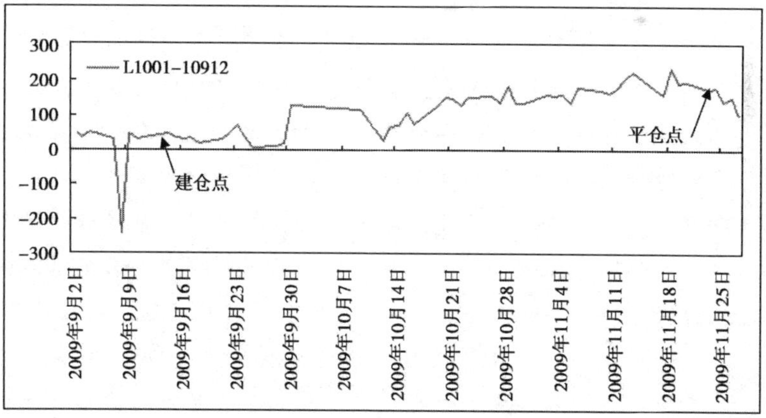

图 10－2　L1001 与 L0912 合约价差图

资料来源：BLOOMBERG、南华期货。

表 10-2　　反向套利效果

	L1001 合约	L0912 合约
2009 年 9 月 16 日	买入 L1001 合约 10 手 价格 10145 元/吨	卖出 L0912 合约 10 手 价格 10115 元/吨
2009 年 11 月 20 日	卖出 L1001 合约 10 手 价格 10510 元/吨	买入平仓 L0912 合约 10 手 价格 10360 元/吨
盈亏	盈利 365 元/吨	亏损 245 元/吨
总盈亏：盈利 6000 元，即（365 - 245）×5×10 = 6000 元		

延伸阅读：反向套利的风险和困惑

同正向跨期套利不同，因为反向跨期套利无法向现货渠道转嫁风险，也很难通过移仓等策略寻找后路，所以反向套利具有一定的风险。而且，由于行情变化，对反向套利机会的判断容易产生失误。

通常，反向套利在同一个生产消费周期内，某种商品近月与远月的正常价差应该是持有近月合约到远月合约期间的所有费用，即“近月合约价格+期间持仓费用=远月合约价格”。所以，反向套利交易者认为当远月合约价格小于近月合约价格加上持仓费用时，则可能就是远月合约价格被低估，而近月合约价格被高估。但事实上，这种想法并不总是正确的。我们知道，不论是期货市场还是现货市场，都有牛市和熊市之分。在牛市里，市场价格是持续上涨的，而在熊市里，市场价格是持续下跌的。远月合约价格可能是由于牛市的延续而获得了额外的升水。由于有额外的利润存在，现货企业才愿意囤货，并待价而沽。而在熊市里，商品价格是逐期下跌的，商品远月合约价格相对近月合约贴水。因此，在不同的市场环境中，远月合约价格高于或低于近月商品价格加上持仓费用都可能是正常的。

因此，我们分析反向套利不能生搬硬套“近月合约价格+期间持仓费用=远月合约价格”公式，要结合大势，事实重于理论。

四、如何在 LLDPE 与其他商品期货间进行套利？

跨商品套利，指的是通过买卖两种决然不同但相互关联的商品进行套利的一种交易方式，即在买入（卖出）某一商品的某一月份的期货合约的同时，卖出（买入）另一种与之关联商品的相同月份的期货合约。一般来说，跨商品套利所选择的商品大都是具有某种替代性或受同一供求因素制约的商品。跨商品套利可分为两种情况：一是相关商品间的套利，二是原料与成品间的套利。在目前的国内商品期货市场上，并不存在 LLDPE 的原料期货或其产成品期货，所以我们重点介绍相关商品间的套利。

例如，LLDPE 与 PVC 同为原油的下游产品，且在相当长的时间内，两者之间的价格走势大体一致。在高油价时代，LLDPE 的天然气生产线路和电石法 PVC 生产线路的兴起，使两者之间的走势一度出现分化。而相对独立的消费淡旺季特点则导致了两者短期走势背离。鉴于两者之间的价差运行具有一定的规律，在 LLDPE 和 PVC 之间明显存在套利的机会。

从两者比价的运行区间来看，LLDPE 与 PVC 比价一般运行于 1.3～1.8 之间，且存在一定的周期性。比价的年内低点往往出现在 7、8 月份，而年内高点却通常出现在 12 月份，套利机会由此产生。从价差的走势来看，其常态区间则在 3500～6500 元/吨之间，波动规律性显著，且比价的季节周期性在价差的走势中同样有效。只是在 2008 年的大宗商品恐慌性下跌中，LLDPE 和 PVC 的价差走势才出现阶段性的常态偏离（见图 10－3、图 10－4）。

当了解了两者的比价和价差的运行情况，投资者就可以参与套利交易了。一般来说，一旦比价偏离正常的波动范围，就意味着套利机会已经出现。例如，受金融危机影响，2008 年 12 月，LLDPE 与 PVC 比价触及了历史低位。此后，随着危机最糟糕阶段过去，比价逐步回升。但当时还没有推出 PVC 期货，无法从事这类套利交易。到 2009 年 11 月，我国经济在金融危机中率先复苏，包括 LLDPE 及 PVC 在内的大宗商品价格有了大幅度回升。有投资者预计，两者之间的比价很难再继续扩大，所以作出了卖 LLDPE 合约同时买 PVC 合约的套利交易。效果见表 10－3。

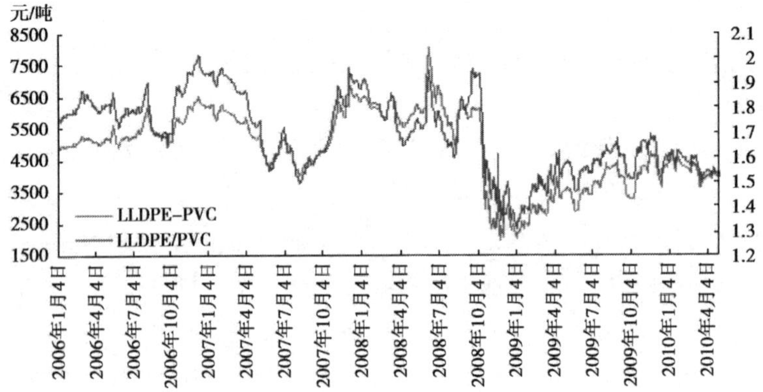

图 10－3　LLDPE 与 PVC 现货比价及价差运行

资料来源：文华财经、南华期货。

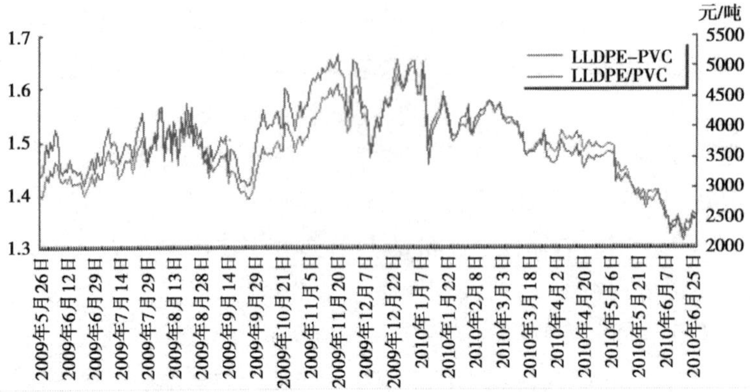

图 10－4　LLDPE 与 PVC 期货比价及价差运行

资料来源：BLOOMBERG。

表 10－3　　　　LLDPE 与 PVC 之间的套利交易效果

	期货市场	期货市场
2009 年 11 月 19 日	卖出 L1001 合约 20 手 价格 11795 元/吨	买入 PVC1001 合约 20 手 价格 7090 元/吨
2009 年 12 月 8 日	买入 L1001 合约 20 手 价格 11560 元/吨	卖出 PVC1001 合约 20 手 价格 7655 元/吨
盈亏	盈利 235 元/吨	盈利 565 元/吨
总盈亏：800 元/吨 ×5 吨/手 ×20 手 =8 万元，即此次套利盈利共 8 万元		

LLDPE 与 PVC 的比价从 11 月 19 日的 1.66 缩小至 12 月 8 日的 1.51，该投资者获得了 8 万元（800 元/吨）的丰厚盈利。

五、如何在期货市场与现货市场之间盈利?

LLDPE 期货合约上市后，经过了近 4 年的市场培育，其期货价格的权威性逐渐为现货企业所接受，开始成为贸易商判断价格的重要依据。许多企业开始根据期货价格拟订经营计划，决定库存水平，指导现货交易。特别是 2008 年 9 月爆发的金融危机让众多具有风险敞口的企业深刻地认识到：期货市场的存在对于现货企业具有极其重要的意义。有越来越多的生产经营企业意识到了将期货与现货两市结合起来的重要性。所以，LLDPE 期货越来越受到投资者的青睐。

所谓期现套利，是指当某种商品的期货价格与现货价格之间出现差距时，投资者进行买低卖高的一种交易方式。理论上说，只要期货合约的价格与现货价格之间的价差超过持有成本时，进行买入现货并卖出期货的套利交易，就能获取稳健的无风险收益。

持有成本 = 仓储费 + 保险费 + 资金占用利息 + 增值税 + 人工成本 + 包装费 + 其他费用（包括交易手续费、交割手续费、入库费用、检验费等）

LLDPE 仓储费收取标准为 1 元/吨天，交割手续费为 2 元/吨；取样及检验收费实行最高限价，由交易所制定并公布；检验费不超过 1950 元/样，取样费不超过 600 元/样。

期现套利已被证明是行之有效的获取稳定收益的投资方法，尤其适合于拥有现货购销渠道的投资者。在投机资金的推动下，期货与现货价差异常偏离，出现套利机会的情况时有发生。通过对价差的预测和监测，完全有可能在较短时间内完成套利交易。

图 10 -5 显示，自 LLDPE 期货上市以来，期现价差偏离正常水平的情况频繁出现。但自 2008 年第四季度以来，LLDPE 才真正开始活跃，成为大连商品交易所的一匹黑马。此前，投资者参与套利交易或许对流动性是否充足存有疑虑。而在此后，LLDPE 持仓的增加和成交量的放大，给投资者提供了更多的机会，为现货企业参与期现套利交易提供了流动

性保障。只要投资者能敏锐地作出判断，把握住机会，期现套利的收益还是相当可观的。

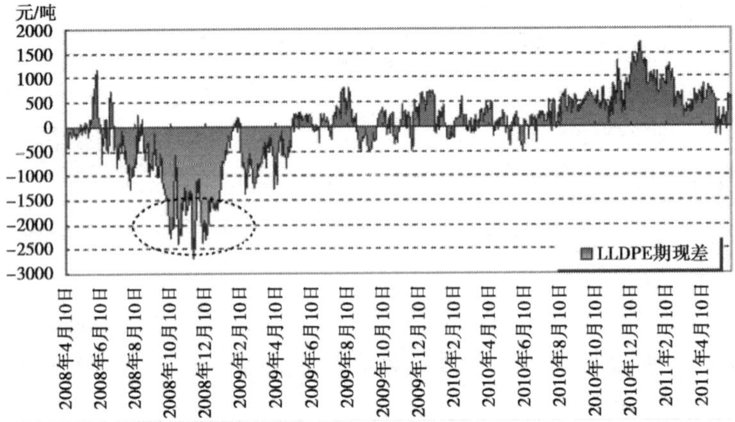

图 10－5　LLDPE 期货与国内现货价格价差走势

资料来源：卓创资讯、南华期货。

从 LLDPE 的期现价差图来看，两者在长期走势上是基本吻合的，体现出良好的趋同性。两者之间的价差背离度最大且持续时间最长的一段时间出现在 2008 年 10 月至 12 月。在此期间，现货与期货之间的价差一度高达 2000 元/吨（如图灰色区域显示），某些月份的期货合约价格甚至跌破了 6000 元/吨，是极大的超跌。这为持有充足现货的企业提供了一次极佳的买期货、卖现货的套利机会，且套利的结果是利润颇为丰厚。与此前的套利机会相比，此次期现套利的机会比较容易把握，因为价差明显，且持续时间较长。

【案例 10－2——期现套利】

某企业拥有约 200 吨 LLDPE 常备库存。2008 年 12 月 11 日，LLDPE 期现价差达到了 －2294 元/吨。该企业认为，期现倒挂 2000 元/吨是一次非常难得的套利机会。于是，在不影响正常生产的前提下，企业决定将部分库存 LLDPE（100 吨）用于套利交易。在现货市场上抛售 100 吨现货，同时在期货市场上买入 20 手 LLDPE 期货合约（相当于 100 吨现货）。到了2009年1月9日，期现价差缩至-705元/吨。尽管理论上期现价差最终有望回正，但企业认为需要等待较长时间。而此时结束交易，盈利已经相当丰厚，因此，企业随即作出决定，卖出平仓20手期货合约，同时购入100吨现货，回补库存。具体操作过程及收益情况见表10-4。

表10-4　　期现套利效果

	现货市场	期货市场
2008年12月11日	卖出现货100吨，价格9300元/吨	买入L0903合约20手价格7000元/吨
2009年1月9日	买入现货100吨价格8700元/吨	卖出L0903合约20手价格8700元/吨
盈亏	盈利600元/吨	盈利1700元/吨
总盈亏：盈利23万元，即600元/吨×100吨+1700元/吨×100吨		

除了期货与国内现货价格之间存在价差外，由于供需关系的影响，期货价格与进口料之间的价差同样存在套利机会，也值得企业加以利用。

如图10-6中虚线区域所示，LLDPE期货价格与进口料价格之间的价差也出现了类似于期货与国产现货价差的显著偏离情况。2008年6月，LLDPE期货受到原油价格上涨和农膜需求启动的双重影响，疯狂拉涨。大连商品交易所塑料期货合约与进口料之间的价差超过了1000元/吨，且一度摸高2000元/吨。事实上，期货价格在追涨的气氛中明显被高估。对于贸易商或后市需要采购的企业来说，此时可以买入进口料现货，并卖出期货合约，进行套利交易。进入10月份之后，受金融危机及其恐慌情绪的影响，期货市场价格一跌再跌，且悲观情绪迫使期货价格严重超跌。在长达两个月的时间里，期货合约与进口料之间的价差主要处于-2000元/吨和-1000元/吨之间，不过也曾一度接近-3000元/吨。这对于拥有现货的贸易商和企业来说，买入期货并卖出现货无疑是一次获利丰厚的投资机会。

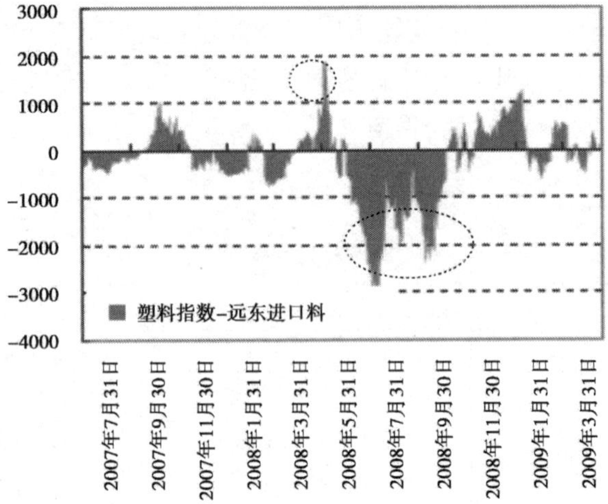

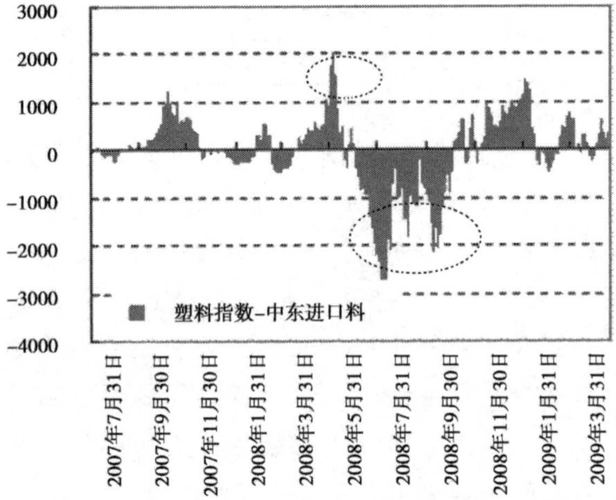

图 10-6　LLDPE 期货与进口料价差

注：远东进口料和中东进口料价格均为折算为人民币后的完税价格。

资料来源：卓创资讯、南华期货。

【案例 10-3】

某贸易企业主要经营 LLDPE 国产料和进口料的采购与销售，进口料主要为沙特阿拉伯、新加坡和加拿大等地的货源。2008 年 6 月 5 日，该贸易商发现国内期货价格与沙特218W品牌之间的价差达到了1000元/吨，处于两者价差波动范围的上限位置，预计后市应该收窄。于是，该贸易商果断地在现货市场上购入了100吨沙特218W，成交价为15300元/吨，同时在期货市场卖出20手期货合约（100吨），成交价为16300元/吨。2008年6月19日，期现价差回落至正常范围内，该贸易商随即买入平仓20手期货合约（100吨），同时卖出原先购入的100吨现货。具体操作及收益情况见表10－5。

表10－5　　　　期货与进口料之间的套利交易效果

	现货市场	期货市场
2008年6月5日	买入沙特218W100吨， 成交价15300元/吨	卖出L0809合约20手， 价格16300元/吨
2008年6月19日	卖出沙特218W100吨， 成交价15900元/吨	买入平仓L0809合约20手， 价格15700元/吨
盈亏	盈利600元/吨	盈利600元/吨
总盈亏：盈利12万元，即600元/吨×100吨+600元/吨×100吨		

需要注意的是，LLDPE的期现套利需要关注季节性波动，在消费旺季来临前期货价格往往会领先于现货价格启动行情，并且涨幅往往更猛烈。加之，6月份通常是原油季节性消费高峰的开始，所以在无外部利空因素下，从成本和市场操作心理上，LLDPE受到双重推涨，拉大了期现价差。同时，期现套利也需要密切关注经济走向带来的影响，尤其是大宗商品价格走势。如在2008下半年的大熊市中，期现价差往往随着价格的下跌逐渐拉大，又随着悲观经济形势的缓和及商品价格的企稳而逐步缩小。

另外，对期现套利的主体也有要求。首先，个人投资者由于没有现货资源，即使看着收益可观，但实施难度大。其次，对于LLDPE用料企业，做空现货是逆向操作，如果行情向不利方面发展，将对其生产经营造成影响。所以，期现反套一定要慎重。

六、LLDPE 国内外期货市场之间套利是否可行？

尽管国外交易所（包括伦敦金属交易所、印度孟买大宗商品交易市场和迪拜黄金和商品交易所）已率先推出了 LLDPE 期货，但到本书截稿时为止，国外交易所已经暂停了 LLDPE 合约交易。

国外 LLDPE 期货交易规模仍然非常小，交投很不活跃，流动性不足。以伦敦金属交易所目前的 LLDPE 交易量来说，与“权威价格标准”还相距甚远，因而无法对现货市场价格构成显著影响，国内外的联动性也较弱。另外，内外盘合约的主要条款之间也存在差异。例如，伦敦金属交易所和迪拜黄金交易所（DGX）是 24.75 吨/手，而大连商品交易所则是 5 吨/手。

交割品质量标准差异较大。伦敦金属交易所的 LLDPE 标准品与大连商品交易所规定的交割品指标相差很大。在交割品牌及生产厂家方面，伦敦金属交易所和大连商品交易所也是截然不同的（见表 10－6）。所以，它们在交割上存在障碍。

表 10－6　伦敦金属交易所和大连商品交易所交割品牌及生产厂家比较

伦敦金属交易所		大连商品交易所	
生产企业	品牌	生产企业	品牌
道化学公司(美国)	DOWDFDA－7047NT7 LLDPE	埃克森美孚公司	ESCORENE1002X74；1002KW
台塑美国	FORMOLENEL42009B	加拿大 Nova 化学公司	NOVAPOL0218D
Equistar Chemicals LP, a Lyondell company（美国）	PETROTHENE ® GA 501020 LP；PETROTHENE ® GA 501020 MI	科威特 EQUATE 石化公司	EQUATE EFDC－7050
INNOVENCE 欧洲有限公司(英国)	LL0209AA	韩国韩华化学公司	韩华石油化学 3224；3305
泰国聚乙烯有限公司	EL－LENE L2009FA	沙特基础工业公司	SABIC218W
RELIANCE 工业公司（印度）	RECLAIR F18010H	韩国现代石化公司	SEETEC UF414

另外，交割地点的不同也使跨市套利缺乏可操作性。虽然伦敦金属交易所塑料期货合约在全球设置了较多的交割库，拥有包括荷兰、比利时、新加坡和美国等34个交割仓库。这些交割仓库为伦敦金属交易所交割地点提供全球化的覆盖，确保了上市发行的流通性，但是对于中国投资者来说，要经济地实现跨市交割仍然是不现实的。

七、套利交易有哪些需要注意的地方?

相对于单边交易来说，套利交易显然属于一种低风险交易方式，但这并不意味着毫无风险。例如，流动性不足就是投资者必须关注的一种潜在风险，可能会影响套利“同进同出”原则的贯彻。在我国目前的LLDPE期货市场上，通常只有一个月份的合约比较活跃。当投资者试图进行跨期套利时，如果近月和远月合约的流动性不对称，则可能导致流动性较低的合约难以按计划价格成交，特别是在交易量较大的情况下。

事实上，流动性不足不仅影响能否成功建仓，还对能否成功离场产生严重影响。特别是在套利数量较大的情况下，其建仓和平仓成本都将有所增加，并导致利润下降。在极端情况下，甚至可能出现亏损。

另外，跨期套利多以差值或比值作为判断标准，较少涉及交割因素。但我们却不得不考虑时间因素，因为只要所持合约临近交割月份，套利风险通常都较难把握。而在我国的期货市场上，交割月份合约有时会受到挤压，导致价差关系严重失衡。此外，临近交割期，持仓保证金也会相应提高，进而影响套利效果。

八、如何计算套利成本?

在制订套利模式前，投资者需要明确如何计算套利成本，这样才能明晰投资的成本与收益。不同的套利模式，包含的成本也有所不同。

一般来说，期现套利成本包括：资金成本、仓储费、交易手续费、交割费、增值费。用公式描述如下：

期现套利成本 = 仓储费 + 资金成本 + 交易、交割费用 + 增值税仓储费：按每天 1.0 元/吨计算。

交易手续费：8 元/手（每手 5 吨），折算为 1.6 元/吨，开平仓按两次计算。

交割手续费：2 元/吨，买卖分别计算。

入库取样及检验费：入出库费用实行最高限价，收费标准由交易所核准后公布。

检验费：不超过 1950 元/样，每批 300 吨，约为 7 元/吨。

取样费不超过 600 元/样。

卖方增值税：国家税法规定企业增值税率为 17%。因为交易所规定的开票价为合约最后交易日结算价，所以增值税即为两次交割时远近合约最后交易日结算价的税额差。假设交割结算价为 11000 元/吨，而买入价为 10500 元/吨，则每吨 LLDPE 缴纳增值税为：

增值税 =（交割结算价 − 买入价）/（1 + 17%）× 17% = 500/（1 + 17%）× 17% = 72.65（元/吨）。

资金成本：包括期货保证金成本和现货资金成本。

如果不涉及现货交割，则跨期套利只需考虑保证金占用的资金成本。

只有期现价差（不同合约价差）超过了套利成本，才能够有无风险期现套利机会。

自 测 题

一、单选题

1. 通常，把在同一时间内以某一低价格买入远期合约同时以某一高价格卖出近期合约的交易称为（　　）。

A. 正向套利　　B. 反向套利

C. 蝶式套利　　D. 熊市套利

2. 期现套利已经证明是行之有效的获取稳定收益的投资方法，尤其适合于（　　）。

A. 拥有现货购销渠道的投资者　　B. 投机者

C. 风险偏好者　　D. 基金

3. 只要现货成本价格与期货合约价格的差值超过(　　)时，进行买现货卖期货的套利交易，就获取稳健的无风险收益。

A. 手续费　　B. 生产成本

C. 持仓费用　　D. 保证金占用

4. 持有成本理论模式是用持有成本模型测算出两个期货合约的理论价差，然后再加上（或减去）期货的(　　)，从而确定出两个合约的无套利区间。

A. 手续费　　B. 仓储成本

C. 持仓费用　　D. 交易成本

5. 理论上不同合约的价差都是围绕(　　)波动的。

A. 合理价差　　B. 持仓成本

C. 合理价差　　D. 交易成本

二、多选题

1. 跨期套利可以分为(　　)。

A. 正向套利　　B. 反向套利

C. 蝶式套利　　D. 熊市套利

2. 套利的优越性体现在(　　)。

A. 无风险　　B. 低风险

C. 固定收益率高　　D. 兑现性好

3. 确定跨期套利合理区间模式有(　　)。

A. 成本理论模式　　B. 价差模式

C. 成本收益模式　　D. 统计套利模式

4. 跨商品套利可分为(　　)。

A. 替代品与互补品间的套利　　B. 相关商品间的套利

C. 原料与成品间的套利　　D. 不同月份合约套利

5. 期现套利成本包括(　　)。

A. 仓储费　　B. 资金成本

C. 交易、交割费用　　D. 增值税

三、判断题

1. 近月合约期价高于远月合约，那是代表现货相对紧张或者市场预期紧张的供需即将到来。（　）

2. 一般来说，近月合约期价高于远月合约，代表现货相对紧张或者市场预期紧张的供需即将到来。（　）

3. 期货合约呈现近高远低的价差排列，对于多头而言，除了可以获得上涨收益外，如果在合约到期前移仓，还能获得一定的迁仓收益。（　）

4. 如果市场是正向市场，那么远月合约价格与近月合约价格之间的价差就会缩小。（　）

5. 如果市场是反向市场（近月合约价格高于远月合约），那么近月合约价格与远月合约价格之间的价差就会扩大。（　）

6. 所谓期现套利，是指某种期货合约，当期货市场与现货市场在价格上出现差距，利用两个市场的价格差距，进行低买高卖而获利。（　）

7. 套利相对于单边交易来说是高风险的收益。（　）

8. 因为交易所开票价为合约最后交易日结算价，所以增值税即为两次交割时远近合约最后交易日结算价的税额差。（　）

参考答案

一、单选题

1. B　2. A　3. C　4. D　5. B

二、多选题

1. ABC　2. BCD　3. AD　4. BC　5. ABCD

三、判断题

1. √　2. √　3. √　4. ×　5. ×
6. √　7. √　8. ×

第十一章 线型低密度聚乙烯期货的实物交割

【本章要点】

本章主要介绍LLDPE期货交易的实物交割环节，包括实物交割的前期准备工作、交割流程、交割注意事项、仓单管理以及交割费用等相关内容。同时针对投资者在交割过程中可能遇到的问题，本章也尽可能给予解答。

一、LLDPE期货交割的准备工作有哪些?

期货市场规定个人投资者不能参与交割，但企业可能或多或少会涉及交割，因此，对这个环节我们还需要进行细致地了解。

所谓实物交割，指的是将期货合约标的物（即期货货物）的所有权从卖方向买方转移的过程。由于涉及货物及其所有权的转移，实物交割过程涉及货物存储、期货货物凭证（仓单）、质量检验等有关问题。其中，最为重要的是期货货物凭证，即标准仓单。

根据大连商品交易所规则规定，LLDPE标准仓单的卖方与买方必须为单位法人（自然人不得参与交割）。在涉及交割的过程中，标准仓单卖方应提前做好交割前的各项准备工作。例如，检查仓单凭证的数量是否与交割的数量相符，支付相应的仓储费，并将标准仓单和增值税专用发票及时交给交易所等。特别需要注意的是，卖方需提前向交易所提出交割预报（填写交割预报表），且交易所将在 3 个交易日内回复客户，明确能否审批交割预报。客户应在交割预报审批后，缴纳交割预报定金。货物在有效期限内及时入库的，客户还应向交割库交纳有关入出库费用。

买方应按交易所规定，按期拨付承接仓单所需的资金。

提货前客户应提前将客户名称、车船号、数量、提货时间告知仓库，以保证仓库及时组织出库。

交割是了结期货交易的方式之一

商品期货交易的了结（即结束此前的期货交易）方式一般有两种：一是对冲平仓；二是实物交割。实物交割就是用实物交收来履行期货交易责任的一种方式。因此，期货交割是期货交易的买卖双方，在合约到期之时，对各自持有的到期未平仓合约，按交易所规定履行实物交割，并了结其期货交易的一种行为。

二、LLDPE 的交割流程是怎么样的?

根据合约到期时间的不同，LLDPE 期货合约的交割方式分为交割月前的“期货转现货交割”和进入交割月后的“一次性交割”两种。客户的实物交割必须由会员办理，并且以会员名义在交易所进行。

买方交割基本流程：交货款—领取“标准仓单持有凭证”—注销标准仓单，领取“提货通知单”—凭“提货通知单”到交割仓库办理出库手续—商品出库。

卖方交割基本流程：交割预报—货物入库（交割仓库验收）—指定质检机构检验—交割仓库开具“标准仓单注册申请表”—到交易所办理标准仓单注册—到交易所交仓单—参与交割，开具增值税发票并获得货款。

具体交割流程见图 11－1。

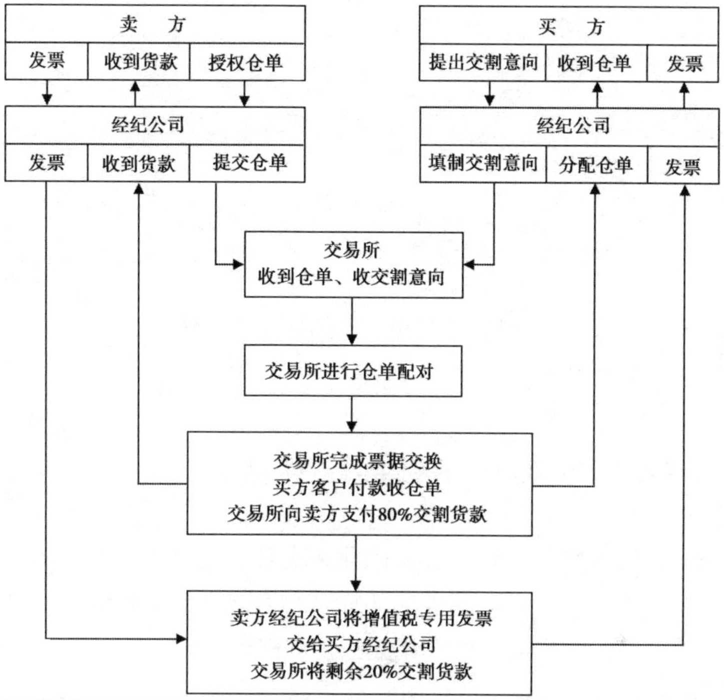

图 11－1　期货交割流程图

资料来源：大连商品交易所、南华期货。

三、什么是 LLDPE 的一次性交割？

一次性交割指在最后交割日，卖方把标准仓单、买方把全部货款交到交易所，由交易所一次性集中完成期货合约所载商品所有权的转移，了结买卖双方到期未平仓合约的一种交割形式。一次性交割时，买方必须在最后交割日结算前将足额货款划入交易所账户；卖方在最后交割日结算后拿到 80% 货款，余款在提交了增值税专用发票后结清。买方在最后交割日结算后领取“标准仓单持有凭证”。LLDPE 一次性交割流程见图 11－2。

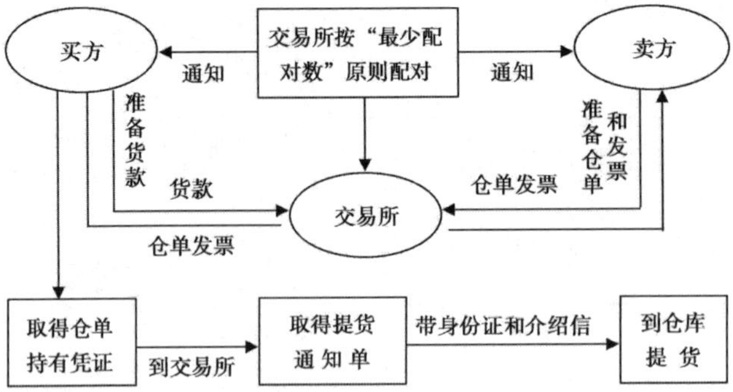

图 11-2　LLDPE 一次性交割流程图

资料来源：大连商品交易所。

四、LLDPE 的交割标准是什么？

LLDPE 合约标准交割品的质量标准和包装物要求必须符合《大连商品交易所线型低密度聚乙烯交割质量标准（F/DCEL001-2007）》。不合格品和以回收料为原料生产的线型低密度聚乙烯不允许交割。

交易所指定中国检验认证集团检验有限公司（CCIC）和通标标准技术服务有限公司（SGS）为 LLDPE 期货的质检机构，入库质检由以上两家质检机构负责。客户可以通过大连商品交易所网站（www.dce.com.cn）/常用栏目/塑料质检机构查询相关机构的联系方式。

LLDPE 可以申请免检，免检品牌由交易所公布。境内厂家生产的 LLDPE 推荐牌号申请免检的，货主能够提供符合大连商品交易所 LLDPE 交割质量标准的生产厂家出具的产品质量证明原件和"质量承诺书"原件及交易所规定的其他材料的，经指定交割仓库审核同意后，可免于质量检验。产品质量证明应载有生产厂家、牌号、批号、签证日期、质量测试项目、质量测试结果和质量检验结论等信息。

境外厂家生产的 LLDPE 推荐牌号申请免检的，货主能够提供符合大连商品交易所 LLDPE 交割质量标准的商检证书原件和货运单据、"进口货物报关单"（或者"进境货物备案清单"）、"原产地证明书"、"海关进口关税专用缴款书”、“海关代征增值税专用缴款书” 等材料复印件并加盖申请入库单位公章的，经指定交割仓库审核同意后，可免于质量检验。

无论是境内还是境外厂家生产的牌号，如果不能同时满足上述条件，推荐品牌的商品仍须经过指定质检机构检验合格后，才可注册成标准仓单。

交易所可根据市场情况调整推荐厂家和牌号名录。

LLDPE 包装物价格包含在线型低密度聚乙烯合约价格中。LLDPE 交割品包装统一为 25 公斤/袋，每吨 40 袋，无溢短。LLDPE 的质量检验应以同一厂家、同一牌号进行组批，每批 300 吨，超过 300 吨的应分若干批检验，不足 300 吨的按同一批检验。

大连商品交易所线型低密度聚乙烯推荐厂家推荐牌号见表 11－1。

表 11－1　大连商品交易所线型低密度聚乙烯推荐厂家推荐牌号

编号	生产企业	商标	牌号
1	中国石油化工股份有限公司扬子分公司	扬子	DFDA－7042
2	中国石油化工股份有限公司齐鲁分公司	齐鲁	DFDA－7042
3	中国石油化工股份有限公司茂名分公司	南海	DFDA－7042
4	中国石油化工股份有限公司广州分公司	璀璨	DFDA－7042
5	中国石油化工股份有限公司中原分公司	第一龙	DFDC－7050
6	中国石油化工股份有限公司天津分公司	TU	DFDA－9020
7	上海赛科石油化工有限责任公司	赛科	LL0220AA
8	中国石油吉林石化分公司	昆仑	DFDA－7042
9	中国石油大庆石化分公司	昆仑	DFDA－7042
10	台湾塑胶工业股份有限公司	TAISOX	3224
11	埃克森美孚公司 ExxonMobil Corporation	ESCORENE	1002X74
12	加拿大 Nova 化学公司 NOVA Chemicals Corporation	NOVAPOL	0218D
13	科威特 EQUATE 石化公司 EQUATE Petrochemical Company	EQUATE	EFDC－7050
14	韩国韩华化学公司 Hanwha Chemical Corporation	韩华石油化学	3224
15	沙特基础工业公司 Saudi Basic Industries Corporation	SABIC	218W
16	韩国现代石化公司 Hyundai Petrochemical Co.，Ltd	SEETEC	UF414

五、交割过程中有哪些规定?

现货企业和投资者对 LLDPE 期货交割流程有所了解之后，还需关注交割过程中的有关注意事项。

无论采用何种方式进行交割，提出交割的都必须是单位客户，自然人不允许参与实物交割。

采用一次性交割方式的企业必须具备开具增值税发票的资格。买卖双方在交割过程中，均需通过各自的期货公司办理交割预报、转交增值税发票等流程。客户需委托会员办理交割预报。会员可以通过大连商品交易所网站（www. dce. com. cn）/业务指引/交割业务指引/业务资料栏目下载并填写“交割预报表（一式三份）”，加盖会员印章后到交易所办理交割预报。交易所收到会员提交的“交割预报表”后，会在 3 个工作日内完成相应的审批工作，并将审批结果告知会员。客户需在交割预报批准日后 40 天内完成预报商品的入库。

此外，在交易所完成配对后，其配对结果不得变更。最后，买卖双方在办理入库出库手续时，都应到库进行监收或监发。

六、卖方入库需要注意哪些问题?

入库前，客户需要做的是，提前将客户名称、车船号、数量、到货时间告知仓库，以保证仓库及时组织入库、安排检验。如果客户没有提前告知仓库，仓库可能无法及时安排相应的装卸人手，会影响客户的入库速度。

另外，客户在入库后要进行检验、注册两个环节，才能进行交割。如果临近交割期时有多家客户的货物集中入库，会给检验带来较大压力，上述时间也会相应延长，因此建议客户尽早完成入库。

货物办理预报入库后可以不注册标准仓单，只要客户按交割预报完成货物入库，不论是否注册，交易所都会清退预报定金。

七、买方出库需要注意什么?

1. 客户可以凭“标准仓单持有凭证”到交割仓库提货吗?

不可以。客户必须凭“提货通知单”到交割仓库办理提货手续。

2. 客户出库时应向交割仓库提供哪些证明材料?

客户提货时，必须向交割仓库提供“提货通知单”、提货人身份证、提货人所在单位证明等材料。

3. 客户出库时应注意哪些事项?

商品出库前，客户应检查拟出库商品的质量。

商品出库时，客户应进行现场监督。客户不到库现场监督的，则认定对交割仓库所收所发的实物重量、质量没有异议。

4. 客户与交割仓库对出库商品的质量发生争议，该如何处理?复检费用由谁支付?

客户应向交易所进行书面申请，由交易所指定检验机构进行复检，复检结果为解决争议的依据。

复检费用由客户先行垫付。如果复检结果与仓库的检验结果不相符，由此产生的费用和损失由交割仓库承担。如检验结果相符，费用和损失由客户承担。

5. 客户与交割仓库发生纠纷，该如何处理?

客户与交割仓库发生纠纷，首先应双方协商解决，达不成一致意见的，应在发生纠纷后 15 个工作日内以书面形式提请交易所调解，逾期交易所不再受理调解申请。

交易所不受理已经出库的交割商品的质量和数量的争议。

6. 客户要投诉交割仓库，如何与交易所负责仓库管理的人员取得联系?

交易所网站上公布了负责仓库管理人员的联系方式，客户可直接从大连商品交易所网站/交割业务指引/联系方式中获取相关电话，向相关品种的管理人员进行咨询或投诉。

八、不同的交割仓库有什么差异？

LLDPE 指定的交割仓库分为基准交割仓库和非基准交割仓库，分别设在上海、浙江、山东、天津、广东等地。目前，非基准指定交割仓库的升贴水为 0 元/吨，交易所将视市场发展情况调整非基准指定交割仓库的升贴水标准。仓库目录详见交易所网站。

九、买方交割可以选择仓库吗？

买方客户经常会问可不可以自己选择提货的交割仓库？事实上是不可以的。目前，交易所按以下原则来确定买方所接到的仓单：首先将买卖双方持仓按照“最少配对数”原则进行配对，然后再按照“最少配对数”原则将卖方交割的各仓库仓单分配给对应的买方。买方只能到“标准仓单持有凭证”上列明的交割仓库提货。

那么，如果客户想换取其他地点的仓单，该如何进行？交易所网站建立了“仓单串换信息平台”，客户可通过该平台随时发布仓单串换、仓单交易、现货交易信息。客户可通过“大连商品交易所网站/常用栏目/仓单串换”进行操作。

十、如何实现期转现，有什么优点？

与企业的交流中，我们经常听到这样的疑问：买卖双方在同一地区，一方产品符合交割品质的产品，在交易所卖出保值，另一方需要这个产品，也在交易所做了买入保值，但为了交割，卖方不得不将产品运到交易所指定交割仓库，买方又得从指定交割仓库把它运回去。或者，根据交易所配对，华南的客户只能放弃附近的交割仓库，非要去华东交割仓库拉货。如此既费时，又费钱，还不一定能拿到需要的品牌。在交易所买期货，大家就是想便捷地拿到想要的品牌产品，但就是不能如愿。那么有没有办法解决这个问题呢？

交易所推出的期转现业务就是为了满足上述企业的要求的。

期货转现货（以下简称期转现）是指持有同一交割月份合约的交易双方，通过协商达成现货买卖协议，按协议价格了结各自持有的期货持仓，并完成相应数量的现货转让。简言之就是企业将各自持有的期货头寸转为现货交易，而现货交易价格由双方协商确定。

期转现必须满足以下几个条件。第一，既有买方又有卖方，如买方持有5手L1105（最小交割单位）多头，卖方持有5手L1105（最小交割单位）空头，且提出期转现申请的客户必须是法人客户。第二，期转现的期限为该合约上市之日起至交割月份前一个月倒数第三个交易日（含当日）。第三，买卖双方要协商一致，即双方都要有意愿按双方同意的价格进行期转现，并共同申请。第四，卖方有相应仓单，买方备有相应货款，用非标准仓单进行期转现的，还应有相应的现货买卖协议。

期转现可分为标准仓单期转现和非标准仓单期转现。标准仓单期转现的仓单交收和货款支付均由交易所负责办理（参见《大连商品交易所结算细则》），并收取交割手续费。非标准仓单期转现的货物交收和货款支付由交易双方自行协商确定，交易所不承担任何保证责任，只收取交易手续费。期转现持仓从当日持仓量中扣除，交易结果不计入当日结算价和成交量。表11－2为期转现流程。

表11－2　期转现流程

时间	流程	注意事项
申请日11：30之前	买卖双方提出期转现申请，并提交“期转现申请表”	1. 标准仓单期转现：提出申请日结算前买方需交齐货款，卖方需交齐仓单 2. 标准仓单期转现收取交割手续费，当日审批；非标准仓单期转现收取交易手续费，三日内审批
批准日结算时	对合格的买卖申请方的对应持仓按协议价格予以平仓，产生的盈亏计入当日平仓盈亏	平仓记入持仓量，不记入结算价和交易量 每个交易日结束后，交易所将当日执行的期转现有关信息予以公布

续表

时间	流程	注意事项
批准日结算后	1. 标准仓单期转现：仓单交收和货款交付由交易所负责办理。交易所向买方会员开具“标准仓单持有凭证”，并将货款的 80% 付给卖方会员，余款在卖方会员提交了增值税专用发票后结清 2. 非标准仓单期转现：货物交收和货款支付由交易双方自行协商确定，交易所对此不承担保证责任	1. 标准仓单期转现：卖方客户应在批准日向买方客户提交增值税专用发票，迟交或未提交增值税发票的，按《大连商品交易所结算细则》有关规定处理 2. 非标准仓单期转现：交易双方应在现货交易结束后向交易所提交货物交收和货款支付证明。交易所有权对交易双方的现货行为进行监督和核查

资料来源：大连商品交易所。

期转现为企业提供了诸多便利之处，使客户真正得到了实惠。

1. 期货转现货为不符合交割标准货物生产和使用企业提供了利用期货交易进行保值的又一种途径，避免了现货交易中常见的拖欠货款的弊病，稳定业已建立的现货交易关系。

2. 期货转现货能够满足用料企业对实物品牌的要求。不同用料企业对品牌的要求是不一样的。比如，同样是用 LLDPE 的企业，有的企业须使用某一品牌 222WT 牌号，有的企业则用 7042 牌号。通过期货转现货交割则能拿到指定品牌，从而稳定最终产品的质量。

3. 期货转现货能够满足用料企业对交割仓库（提货地区）的要求。用料企业分布各地，各自都有最为方便、经济的提货地点。比如，浙江的企业都希望能在浙江仓库提货，广东的企业则希望在广东提货。通过期货转现货交割为双方提供了便利。

4. 期货转现货能够减轻用料企业资金压力，让生产企业提前回笼资金，提高企业资金周转率。合约到期集中交割，用料企业必须一次性拿出几百万元到几千万元的资金把原料拖回厂里，增加了库存量，一次性占用了大量资金。期货转现货能够让用料企业根据生产需要分期分批地买回原料，减轻了集中用钱的压力，减少了库存量；而生产企业则能提前或分期分批收到资金，用于再生产。

5. 期货转现货在极大程度上降低了运输成本。买卖双方不必来回运输货物，节约了费用。

总之，利用期转现可以帮助解决本部分一开始就提到的问题，从而进一步完善期货交易的经济功能，为国民经济服务。

十一、LLDPE 仓单生成和注销需要注意什么问题？

标准仓单是交易所指定交割仓库按照交易所规定程序签发的符合合约规定质量的凭证。

标准仓单的生成包括交割预报、商品入库、检验、指定交割仓库签发及交易所注册等环节。标准仓单对应的期货商品转为现货，或“标准仓单注册申请表”提现后，客户如需在同一仓库再次生成标准仓单，不需再办理交割预报，但必须按照期货合约标准重新检验。仓单生成后，可以用于交割、转让、提货和质押，也可以用于冲抵期货交易保证金。境内生产的 LLDPE 申请注册标准仓单的，申请注册日期距商品生产日期不得超过 180（含 180）个自然日；境外生产的 LLDPE 申请注册标准仓单的，申请注册日期距商品“进口货物报关单”进口日期（或者“进境货物备案清单”进境日期）不得超过 180（含 180）个自然日。LLDPE 标准仓单在每年 3 月份最后一个工作日之前必须注销。

标准仓单注销后可以再次注册，程序与正常入库的程序完全一致。注销仓单后无论是否提货，客户都应该按交易所规定及时与交割仓库联系，通知仓库是出库还是继续存放，并与仓库签订相应的现货仓储合同或协议。仓单注销后如在原库重新申请注册，无需办理交割预报。

十二、企业如何利用和管理仓单？

标准仓单本质上也是企业资产，灵活合理地利用将有助于提高企业资产利用率，缓解企业短期资金紧张。标准仓单是经交易所注册生效的实物提货凭证。与一般票据相比，标准仓单具有信用度高、流通性好和价值高的特征，是一种很好的信贷品种。通常，标准仓单可用于交割、转让、提货和质押，也可用于冲抵期货交易保证金。

质押主要是将注册仓单抵押给期货交易所，并获取大约相当于仓单价值80%的金额。质押得到的金额，只能用作期货交易所需保证金，不得用于支付期货交易的相关亏损、费用、货款和税金等款项。期货仓单也可以向商业银行进行抵押贷款，银行与利用仓单质押贷款的企业及期货公司签订三方协助监管协议。相对于向交易所质押仓单，银行作为信贷出借方对借款企业的资格审查会更加严格。

十三、如何计算交割费用？

交割费用（成本）关系到期货套期保值的效果，投资者有必要了解交割涉及哪些费用，以及如何计算交割成本。

对于卖方客户来说，LLDPE期货交割费用主要有：（1）交割手续费2元/吨。（2）将货物运至交易所指定交割仓库的费用。（3）取样及检验费，实行最高限价。其中，检验费不超过1950元/样，取样费不超过600元/样，交易所按照同厂同牌号300吨一个检验批次计算。（4）入库费用，实行最高限价，收费标准由交易所核准后公布。（5）仓储费用。（6）开具增值税发票，需要缴纳相应的增值税。

对于买方客户来说，交割费用包括：（1）交割手续费2元/吨。（2）从卖方拿到标准仓单后至注销之日的期货交割仓库仓储费，费用为1元/吨天。（3）自标准仓单注销日次日至提货日的仓储费用，一般按现货贸易协商决定。（4）出库费用，客户可以和具体的交割仓库协商，交易所实行最高限价。（5）将货物从指定交割仓库运至指定地点的费用，没有升贴水设置。

交易所可根据国家政策规定和市场情况调整以上各项费用的收费标准，并及时通知会员和指定交割仓库。指定交割仓库对交易所未作规定的收费项目参照有关行业规定的收费标准收取。

十四、交割违约如何处理？

交易所交割制度规定：在最后交割日，买方在闭市前必须补足全额货款，卖方必须缴齐对应的标准仓单，否则将被视为交割违约。具体处理方法如下。

卖方违约的，买方可以选择终止交割，交易所退还买方货款。如果继续交割，交易所则在最后交割日后的三个交易日内发布标准仓单征购公告，并在最后交割日后的第七个交易日组织征购。征购成功，交易所交付给买方标准仓单；征购失败，则卖方须向买方支付赔偿金（赔偿金按违约部分合约价值的15%计算），交易所退还买方交割货款后终止交割，且由卖方承担因征购产生的一切经济损失和费用。

买方违约的，卖方可以选择终止交割，交易所退还卖方标准仓单。如果继续交割，交易所在最后交割日后的三个交易日内发布标准仓单竞卖公告，并在最后交割日后的第七个交易日组织竞卖。竞卖成功，交易所支付给卖方交割货款；竞卖失败，买方支付给卖方违约部分合约价值15%的赔偿金，交易所退还卖方标准仓单后终止交割，且买方承担因竞卖产生的一切经济损失和费用。

自测题

一、单选题

1. 期转现的期限为该合约上市之日起至交割月份(　　)倒数第三个交易日（含当日）。

A. 前两个月　　B. 前一周
C. 前两周　　D. 前一个月

2. 大连商品交易所规定使用原生产厂家或者其认可的包装，袋装产品每袋净重(　　)。

A. 25公斤　　B. 30公斤
C. 50公斤　　D. 60公斤

3. LLDPE的质量检验应以同一厂家、同一牌号进行组批，每批不超过(　　)。

A. 50吨　　B. 100公斤
C. 200吨　　D. 300吨

4. 境内生产的LLDPE申请注册标准仓单的，申请注册日期距商品生产日期不得超过(　　)个自然日。

A. 100　　B. 180（含180）

C. 120　　D. 60

5. LLDPE标准仓单在每年(　　)最后一个工作日之前必须注销。

A. 3月份　　B. 5月份

C. 9月份　　D. 10月份

二、多选题

1. 期转现分为(　　)。

A. 标准仓单期转现　　B. 会员内部期转现

C. 非标准仓单期转现　　D. 会员间期转现

2. 线型低密度聚乙烯指定交割仓库分为(　　)。

A. 基准交割仓库　　B. 非基准交割仓库

C. 升水交割仓库　　D. 贴水交割仓库

3. 以下(　　)是大连商品交易所线型低密度聚乙烯推荐厂家推荐牌号。

A. 扬子DFDA－7042　　B. 齐鲁DFDA－7042

C. 赛科LL0220AA　　D. SABIC218W

4. 标准仓单可用于(　　)。

A. 交割和转让　　B. 提货

C. 质押　　D. 冲抵期货交易保证金

三、判断题

1. 交割过程中，标准仓单卖方与买方必须为单位法人。(　　)

2. 标准仓单转让人应将已付清仓储费用的标准仓单及增值税专用发票交给期货公司。(　　)

3. 实物交割就是用实物交收的方式来履行期货交易的责任。(　　)

4. 客户的实物交割必须由客户自己办理，并且以会员名义在交易所进行。(　　)

5. 期货转现货（简称期转现）是指持有同一交割月份合约的交易双方

通过协商达成现货买卖协议，同时进行数量相当的货款和实物转现。

( )

6. 非标准仓单期转现的货物交收和货款支付由交易双方自行协商确定，交易所对此不承担保证责任，只收取交易手续费。( )

7. 一次性交割指在最后交割日，由买卖双方一次性集中完成期货合约所载商品所有权的转移，了结买卖双方到期未平仓合约的交割形式。

( )

8. 采用一次性交割方式的企业，必须具备开具增值税发票的资格。

( )

9. 采用一次性交割的买卖双方，在交易所配对后，配对结果不得变更。

( )

10. 仓单质押充抵保证金的金额，只能用作期货交易所需保证金。

( )

参考答案

一、单选题

1. D　2. A　3. D　4. B　5. A

二、多选题

1. AC　2. AB　3. ABCD　4. ABCD

三、判断题

1. √　2. ×　3. √　4. ×　5. √

6. √　7. ×　8. √　9. √　10. √

第十二章
风险和风险管理

【本章要点】

本章主要介绍有关期货投资风险和风险管理方法等相关知识，目的在于帮助投资者了解期货市场上的风险成因、风险特点和风险危害，从而找出规避风险的基本方法。尽管期货投资风险涉及的内容较多，但本章仅对期货市场中较有代表性的部分进行阐述，特别是对明显具有期货市场特点的风险进行阐述。此外，本章还将对期货市场上常用的风险管理方法进行阐述，包括资金管理和应对策略等，希望能够起到举一反三的效果。

一、阅读本章有什么重要意义？

在人类的日常生活中，始终伴随着各种各样的风险，如地震、海啸、洪水、泥石流等自然灾害。这些风险大多属于不可抗力所致，人类很难避免。然而，有些风险则完全不同，并非不可避免，如交通事故、生产装置爆炸、火灾等。通常，我们将并非不可避免的那些风险称之为可控风险。换言之，只要管理得当，措施到位，此类风险完全可以避免。因此，区分可控风险和不可控风险具有重要的现实意义。

尽管投资伴随着风险，但这种风险大多可控，期货投资也不例外。换句话说，投资伴随着风险由投资的性质所决定。事实上，当产出达不到投资的预期效果时，投资就会出现损失。虽然期货投资存在风险，但不可否认的是，规避期货交易风险是有方法的。一般来说，期货投资者只要有足够的风险意识，风险大多可以避免，至少可以将风险控制在可以承受的范围之内。

为了规避或降低期货投资风险的影响，我们需要对期货投资风险有较为深入了解，包括风险成因、风险危害，以及风险特点等。只有对期货投资风险有充分的了解，才能找到规避风险或降低风险危害的有效途径和方法。因此，分析期货市场投资风险的成因，进而了解其特点极为重要。

一般来说，对期货市场风险保持高度警惕的投资者，其自我保护的能力通常强于危险意识淡漠者。例如，当泰坦尼克号撞到冰山时，危险意识较强的乘客率先登上了救生艇；危险意识次之的乘客，尽管没有机会登上救生艇，但还能拿到一件保命的救生衣；而那些风险意识薄弱的乘客，只能面对死亡的厄运（见图 12－1）。

图 12－1　风险意识最强的乘客，才有机会登上救生艇

显然，只有对期货市场风险有足够的了解，包括风险的成因、特点和危害，才能找到规避风险的有效方法。换句话说，你对海洋的脾气了解越多，

驾驭惊涛骇浪的能力就越强。

二、期货市场风险是否源于现货市场?

规避风险是期货市场的两大主要功能之一，而现货企业规避风险的方法，就是利用期货工具进行对冲（锁定价格）。从这种意义上来说，套期保值交易在期货市场上发挥着重要的作用。一般认为，期货市场上的主要风险通常来源于现货市场和广泛使用的杠杆工具。前者源于现货企业的套期保值行为，因为套期保值者将持有的现货市场风险，通过使用期货对冲工具，巧妙地转移至了期货市场。期货市场的投机者则承接了套期保值者转移至期货市场上的风险。当然，这只是期货市场风险的来源之一。事实上，投机者承接的风险也可能源于其交易对手——另一个投机者。

【案例 12－1 ——现货企业转移风险】

2011 年春节过后，某现货企业（乙烯生产企业）发现，国内 LLDPE 库存处于高位（包括石化、贸易商、终端用户的库存和交易所仓单），且下游用户采购不积极。由此该企业认为，未来 LLDPE 可能持续走低，因此决定动用期货工具，将即将下线的产品价格锁定，以规避产品价格下跌的风险（见图 12－2、表 12－1）。

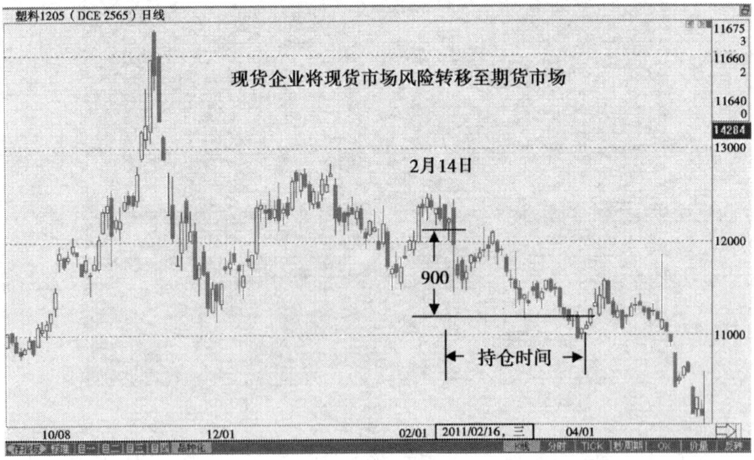

图 12－2　企业套期保值期间 LLDPE 期价走势

进入2010年11月，资金开始从L1101合约向L1105合约转移。到2011年2月10日，L1105合约的持仓突破了20万手。2月14日，L1105合约一度高达12500元/吨。当时，现货市场价仅为11000元/吨左右，期货升水高达1400元/吨左右。换句话说，除去持仓费，L1105合约价格高于现货市场价格约1000元/吨。

鉴于上述情况，该企业选择在2月18日、21日、22日三个交易日，先后卖出L1105合约1000手，相当于该企业15天的产量（5000吨），建仓均价为12000元/吨。

表12-1　企业套期保值效果

时间	现货市场	期货市场	备注
2月18日、21日、22日	现货市场均价11000元/吨	卖出L1105合约1000手成交均价12000元/吨	移仓导致远期升水位于高位
4月1日、6日、7日	现货市场均价11000元/吨	平仓L1105合约1000手平仓均价11100元/吨	升水回归正常
	现货价格小幅波动	期货头寸盈利900元/吨	盈利450万元

企业完成建仓后，L1105合约开始震荡下行，现货市场销售难度加大。到4月1日，L1105合约价格跌至11000元/吨，与现货价格之间的超额升水基本消失。在这种情况之下，该企业开始抛售现货，于4月1日、6日、7日三个交易日完成了5000吨现货的销售，并按实际销售现货的速度分批平仓期货头寸。期货平仓均价约为11100元/吨，现货销售均价约为11000元/吨。

此次套期保值交易，企业在期货头寸上盈利450万元，即900元/吨×5000吨，获得了良好的对冲效果。事实上，在整个套期保值交易期间，美国西德克萨斯中质原油价格一路走高，涨幅接近10美元/桶。在这种形势下，现货市场价格几乎没有多大的变化，但高企的远期升水逐渐收窄。

仔细分析发现，在该企业期货盈利的同时，其期货交易对手则出现了同等幅度的亏损（900元/吨）。也就是说，其他投资者承接了套期保值者转移过来的风险，成为了风险的承受者（见图12-3）。

图 12－3　套期保值者传球，投机者接球

三、杠杆工具是否放大了市场风险?

正如此前所说，期货市场上的主要风险通常来源于现货市场和广泛使用的杠杆工具。前者源于现货企业的套期保值行为，而后者经由投资者使用杠杆工具，将原本有限的风险成比例地放大了（见图 12－4）。

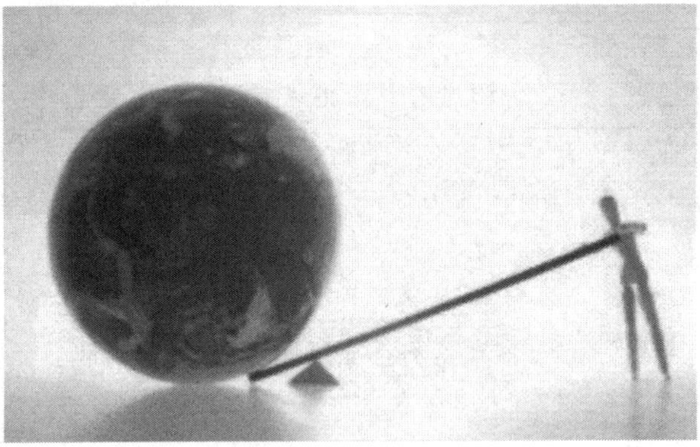

图 12－4　使用杠杆工具，以小博大

杠杆工具是一种特殊的投资工具，期货市场上的保证金交易就是运用资金杠杆的一种交易形式。其特点是，通过使用较少的资金，放大投资者的交易的规模。显然，杠杆工具的使用有效地提高了投资者的资金使用效率。然而，使用杠杆工具的必然结果不仅可以提高资金使用效率和投资收益，同时

也放大了投资风险，是一把双刃剑。

例如，对上一个套期保值案例进行分析发现，在整个套期保值交易的过程中，现货企业成功地将风险转移至期货市场，且交易的对方承接了经现货市场转移过来的风险。在这一过程中，投机者动用的资金为600万元，即12000×5000×10%，到交易结束时亏损了450万元（见表12－2），资金亏损率高达75%，即450/600×100%＝75%。

表12－2　交易对手方的资金情况

时间	买入	卖出平仓	备注
2月18日、21日、22日	买入L1105合约1000手 成交均价12000元/吨		
4月1日、6日、7日		平仓L1105合约1000手 平仓均价11100元/吨	平仓亏损450万元

事实上，此次交易，L1105合约的跌幅仅为7.5%，即900/12000×100%＝7.5%，但投机者的损失却放大了10倍，即7.5%×10＝75%。一般来说，风险倍数是保证金比例的倒数。例如：当保证金为5/100时，其风险倍数为100/5＝20倍；当保证金为20/100时，其风险倍数为100/20＝5倍。显然，保证金比例越高，风险倍数越小，风险越低。

四、什么是增值税发票风险？

除了套期保值交易转移现货市场风险和使用杠杆工具放大风险之外，期货交易中还存在另外一种风险，即源于交割需出具增值税发票而形成的风险。显然，不涉及交割的期货交易并没有增值税发票风险。

根据交易规则，参与卖出交割的一方，必须按交易所规则形成的交割结算价出具增值税发票。而该结算价与卖方期货头寸的实际成交价无关。这就带来了一个问题，即当交割结算价大大高于卖方的期货实际成交价时，卖方必须承担高于实际成交价部分所形成的增值税。对于套期保值交易者来说，这是一种额外的负担，是一种不可预测的风险。然而，尽管增值税风险无法预测，但仍然存在可以降低增值税风险的有效方法。

现货生产企业参与期货交易的目之一，是将期货市场作为销售现货的补充渠道。因此，不少企业通常将一部分产量，通过期货市场进行销售，只要是期货市场价格高于现货市场价格加上期货持仓费用再加上销售利润就行。当企业卖出期货合约之后，如果期货价格回落，且跌幅达到一定的幅度，企业往往会采取对冲平仓的策略，并不一定坚持交割。只有当期货价格不跌反涨，且涨幅达到一定幅度时，企业才会选择到期交割。

【案例 12－2 ——企业卖出交割】

2009 年 10 月 15 日，L0911 合约在连续 3 个交易日大幅拉升之后，开始盘整。某塑料贸易企业认为，仅从 9 月 29 日至 10 月 12 日的 3 个交易日，L0911 合约便从 9585 元/吨涨至 10630 元/吨，涨幅高达 1045 元/吨。鉴于该贸易企业的现货成本价低于 10000 元/吨，且目前期货价格高于现货市场价格约 500 元/吨，因而具备了通过期货市场销售现货的条件。换句话说，通过期货市场卖出期货合约，并持有直至到期交割，则可获得 420 元/吨的利润（基差－持仓费）。因此，该贸易企业决定通过期货市场卖出现货（见图 12－5）。

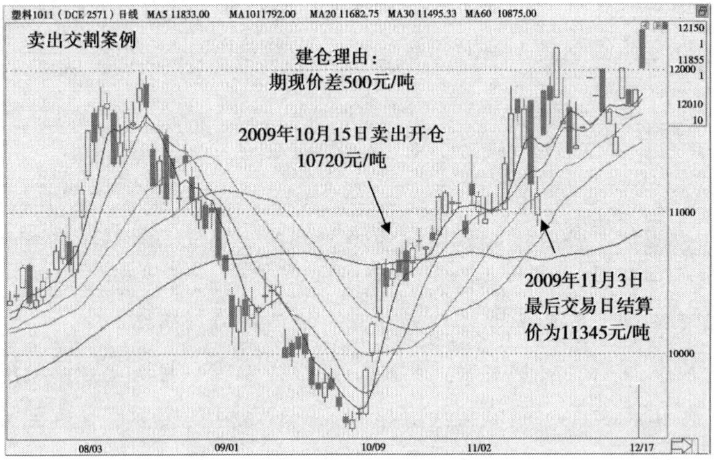

图 12－5 企业卖出交割案例

然而，卖出期货合约之后期货价格不跌反涨（最高涨至 11800 元/吨），导致企业不得不连续增加保证金，既增加了企业的资金成本，增值税风险也随之提高。到最后交易日，尽管期限价差收拢，结算价回落至 11345 元/吨，但依然高于开仓价。事实上，本次交易企业的实际卖出成交价为 10720 元/吨（开仓价），但开票价（交易所规则规定）为 11345 元/吨。其中，增值税部分为 106.25 元/吨（发票价与实际成交价之差 × 增值税税率 = 625 × 17%），增加了交易成本。这就是增值税发票风险。

因此，当企业参与卖出套期保值交易时，如果价格不跌反涨，到期交割在所难免。换句话说，在卖出套期保值交易中，一旦价格不跌反涨，企业就无法回避增值税风险。然而，尽管此类风险无法回避，但还是存在某种方法可以将增值税风险控制在一定范围之内。通常，我们可以通过调整交割数量，达到控制增值税总额的目的。

五、长假休市期间是否具有某种风险？

来自国内外期货市场交易时间不同步的风险。每遇国内长假，国内期货市场休市但国际期货市场往往照常交易时，这种交易时间上的不同步，很容易给投资者带来风险。因为，当国内期货市场恢复交易时，国际期货市场上相同或相关品种的价格已经大幅上扬或回落。国内期货市场一开盘便可能遭遇大幅跳空高开或低开的局面，甚至直接封在涨跌停板价位上。在极端的情况下，还有可能出现连续数日封在涨跌停板价位上的情况，甚至造成某些投资者穿仓的严重后果。这种内外盘交易时间上的不同步，无疑会使国内投资者处于较为尴尬的境地。这就是所谓的“休市风险”或称“长假风险”。

【案例 12－3——长假风险】

2010 年国庆节长假期间，我国股市和期货市场于 2010 年 10 月 1 日开始休市，休市至 10 月 7 日，10 月 8 日恢复交易。休假前一天 9 月 30 日，LLDPE 主力 L1101 合约收涨 1.36% 至 10830 元/吨，显示出向上突破前期震荡箱体的迹象。该日结算价为 10785 元/吨。此时，空单如果持仓过节将面临较大风险。10 月 1 日至 10 月 7 日期间，国际原油价格大幅上涨，原油期价 10 月 1 日最低至 79.7 美元/桶，10 月 7 日最高至 84.43 美元/桶，波动幅度达 5.93%。

2010 年 10 月 8 日开市后，受假期外盘上涨带动，LLDPE 主力 1101 合约开盘向上大幅跳空至 10920 元/吨，收盘涨 275 点（2.55%）至 11060 元/吨，向上突破明显。该日结算价为 11040 元/吨。随后 10 月 9 日和 10 月 10 日周末休市，10 月 11 日周一开市后期价又大幅向上跳空至 11300 元/吨，收盘涨幅达 450 点（4.08%）至 11490 元/吨，该日结算价为 11450 元/吨。对于空单持有者，假期前后亏损 210 元/吨，至 10 月 11 日最大亏损 620 元/吨。可见，长假前后价格波动剧烈，投资者将面临较大的风险（见图 12-6）。

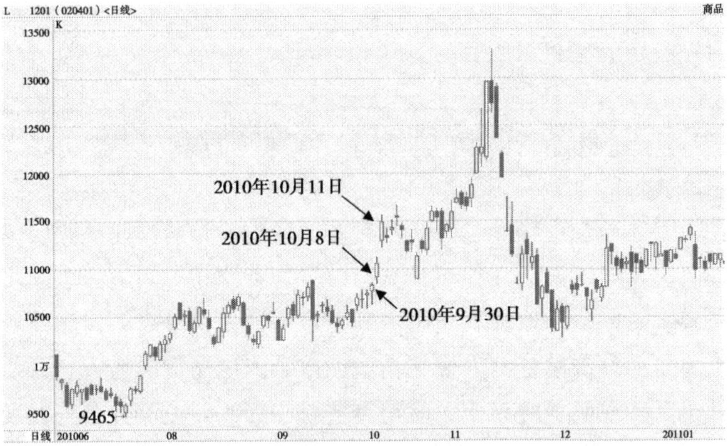

图 12-6 假期前后 LLDPE 期价出现较大波动

正是由于这种特殊风险的存在，交易所通常会在长假之前相应地提高保证金收取标准，以降低风险倍数。投资者应该学会，根据各个品种的风险特点和假期的时间长短，相应降低持仓水平，将风险控制在自己能够承受的范围之内。

六、涨跌停板限制可能带来的风险

源于期货市场的涨跌停板限制的风险。涨跌停板限制的初衷是将风险控制在投资者可以承受的范围之内。通常，期货公司的保证金都会在交易所的标准金基础上提高 3～5 个百分点。这就意味着，即使出现一个涨跌停板，投资者也不会穿仓。从这个角度上看，涨停板限制属于风险控制的范畴。然而，市场情况错综复杂，连续涨跌停板的情况屡见不鲜。在极端情况下，投资者的平仓（止损）指令往往无法成交（没有对手单）。此时，如果不能及时追加保证金，则必然导致穿仓，后果极为严重。

【案例 12－4——涨跌停板限制风险】

10 月 9 日，L0901 合约收于 9870 元/吨（结算价为 9990 元/吨），某投资者以收盘价买入 L0901 合约 10 手。根据规定，收盘时每手合约的保证金不得低于 10%，即 9990×5×12% =5994（元/手）。那么该投资者建仓当天的结算保证金为 59940 元（假设该投资者满仓操作，资金仅为 60000 元）。

L0901 合约第二天开盘便封在跌停板价位 9495 元/吨上（5%），尽管该投资者及时下达了平仓止损指令，但却没有机会成交。10 月 10 日收盘结算后，该投资者权益减少了 24750 元。保证金余额仅为 35250 元，即 60000－24750，不足所需的 56970 元，即 9495×5×12% ×10，但仍高于交易所的保证金标准 33232.5 元，即 9495×5×7% ×10。因此，投资者必须追加保证金，只是他的期货账户还没有触及穿仓底线。

由于追加保证金的最后时限为第二天的 9：30 时之前，而 10 月 13 日开盘 L0901 合约再次封在跌停板价位上（9025 元/吨），且投资者下达的平仓指令在 9：30 时之前又没有成交。此时，该客户的资金权益为 11750 元，即 35250－23500，低于交易规定的最低保证金要求 31587.5 元，即 9025×5×7% ×10。到收盘时，投资者亏损为 23500 元，该客户的权益 11750 元不足支付当天亏损部分 23500 元，实际上他的期货账户已经穿仓了。

七、什么是流动性风险？

流动性（Liquidity），指资产能够以一个合理的价格顺利变现的能力，它是一种所投资的时间尺度（卖出它所需多长时间）和价格尺度（与公平市场价格相比的折扣）之间的关系。而期货市场的流动性，指的是期货合约能够以合理价格顺利变现的能力。简单地说，流动性高指的是参与交易的投资者数量众多，市场成交量大。因此，当投资者入场交易时，即使买入或卖出的合约数量很大，也能立即成交。而流动性低则意味着，参与交易的投资者数量有限，成交量低。因此，当投资者入场交易时，即使买入或卖出的期货合约数量不大，也很难成交。

自 2007 年上市以来，LLDPE 期货的流动性不断提高。2010 年下半年以来，持仓量和成交量快速增大，尤其是主力合约的持仓量先后突破了 20 万手和 25 万手，成交量超过了 60 万手，且有继续增加的倾向。到本书截稿时为止，LLDPE 期货的流动性与 PTA 期货不相上下，已经成为我国期货市场上又一个活跃品种。

不过，到本书截稿时为止，LLDPE 期货的次主力合约的持仓量和成交量依然很低（不足 2000 手），其他合约则更低，成交量微乎其微，甚至没有成交。这就意味着，除主力合约之外，我国 LLDPE 期货合约依然存在较大的流动性风险，投资者必须予以关注。

【案例 12－5——流动性风险】

为了对冲价格可能下跌的风险，某企业根据每月的产品产量，通过卖出相应月份的期货合约，将销售价格锁定。按照惯例，企业应在将现货交货的同时，将对应的期货头寸对冲平仓。然而，由于相应月份的合约通常并非主力合约，缺少流动性（到本书截稿时为止，次主力合约的持仓规模约为 1500 手，日成交量不足 10000 手），企业的买入平仓指令较难在合理的价位成交，迫使企业不得不数次提高买入平仓价，增加了对冲成本，导致套期保值效果不理想。

显然，上例中套期保值效果的降低，主要是非主力合约流动性过低造成的，它导致了对冲成本提高。这就是流动性不足给投资者带来的风险，称之为流动性风险。

八、还有哪些常见的期货交易风险？

除了上述期货市场特有的风险类型之外，投资者还可能遇到操作风险和网络风险等常见的风险类型。前者指的是投资者在交易过程中因操作失误而造成的交易风险；后者指的是当网络中断，导致投资者无法下达交易指令（特别是止损指令）时，错失交易时机所造成的风险。

【案例 12－6——操作风险】

2011 年 4 月中旬，某投资者预计 L1109 合约未来可能上涨，因而于 4 月 21 日买入 L1109 合约 10 手，成交价 11890 元/吨，并等待价格上涨。然而，受希腊债务危机的影响，国际市场原油价格突然大幅下跌，导致 L1109 合约失去成本支撑，且价格开始回落。到 5 月 5 日，L1109 合约在跌破了 30、20 和 10 日均线后连续下跌了 3 天，逼近前期重要支撑位 11430 元/吨。在确认了跌势已基本形成的基础上，该投资者决定平仓止损。

不幸的是，该投资者在下达交易指令时不小心将“卖平”错选为“买开”。不仅没能及时止损，反而将持仓扩大了一倍（即将风险敞口扩大了一倍），导致风险徒增。更为糟糕的是，交易指令下达之后，该投资者竟然没有检查交易的执行情况……在该投资者的心目中，自己已经平仓离场了。

5 月 6 日，L1109 合约跳空低开，开盘价为 11100 元/吨，与前一交易收盘价相比，下跌了 360 元/吨，结果该投资者开盘便损失了 36000 元，即 360 ×5 ×20。好在该投资者打算入场追空，及时发现了自己还持有 20 手多单。当日 L1109 合约价格变化不大，投资者在 11000 元/吨成功止损。

尽管此类操作失误的概率极低，加上疏于检查的情况则更少出现，但该案例告诉我们一个事实，在实际操作中，存在着出现操作失误的可能性。如果再疏于检查核实，则风险危害更大。避免此类风险的最佳方法，就是在发出指令前进行必要的检查，在指令发出后，对指令的执行结果进行检查，包括指令是否执行和指令执行后的持仓情况。操作风险常见于刚刚参与期货交易的投资者，且大多属于粗心大意。

尽管网络中断的概率很低，但其危害极大，特别是当投资者急于下达止损指令时。对于投资者来说，一旦确认网络故障，应改用传统的电话报单方式，及时向期货公司下达交易指令。鉴于电话与互联网属于不同的通讯网络，期货公司完全可以通过电话将指令下达至交易所场内，避免造成不应有的损失。

还有一种极端情况，就是当系统性风险发生时，由于止损者众多，常常造成网路拥堵的现象，导致指令成交被延时，给投资者带来不必要的损失。

九、如何通过资金管理降低期货投资风险?

如此前所述，杠杆工具有放大风险的作用，且风险倍数与保证金比例有关。因此，资金管理等同于风险管理。事实上，投资者只要管理好手中的资金，风险就会远离我们。所谓资金管理，通常指的是在期货交易过程中，投资者可以动用的资金比例。一般来说，初次建仓时，投资者动用的资金应不超过资金总额（指期货账户上的资金总额）的30%。初始动用30%的资金对应的风险倍率为3.33，意味着价格每波动1%，投资者的浮动盈亏将在价格波动的幅度上放大3.33倍。换句话说，当价格向不利于投资者的方向变化时，期货价格每变化100元，则投资者将浮亏333元。

【案例12－7——资金管理】

某投资者拥有初始资金200000万元。2010年12月10日，该投资者以12000元/吨的价格卖出L1109合约10手，开仓保证金占用为72000元，即12000×5×12%×10，占初始资金的36%。到12月13日，L1109合约跳空高开，且最终高收在12760元/吨上，结算价为12595元/吨。

由于期货价格不跌反涨，到结算时，该投资者的持仓浮亏为29750元，即（12595－12000）×5×10，所有者权益由200000元降至170250元。结算后保证金提高至75570元，即12595×5×12%×10，占所有者权益的44.38%。尽管保证金占比大幅提高，但由于初次建仓时，动用的保证金比例仅为36%，风险虽然上升，但依然处于安全范围之内。

如果该投资者初次建仓时就动用45%的资金（90000元）卖出期货合约15手，则第二天收盘时，他的浮亏将增至44625元，且所有者权益降至155375元。此时的持仓保证金为113355元，保证金占用提高至73%。由于初次动用的资金比例偏高，导致浮亏比例过大，风险明显上升。

通过上述案例可以发现，投资者完全可以借助资金管理达到降低风险的目的。这说明了，只要投资者管理好手中的资金，风险就会远离我们的道理（见图12－7）。

图 12－7 避险工具为投资者保驾护航

十、如何通过制定应对策略降低交易风险？

应对策略指的是当价格变动与预期的方向相反时，投资者应该采取的应急对策。一般来说，投资者在投资决策的过程中应该完成以下工作：对未来走势作出判断（包括趋势方向、持续时间和价格高度）、确定入场时机、制定应对策略（包括止损和止盈），并将应对策略纳入交易方案之中。

事实上，制定应对策略的主要目的是为了避免当行情向不利于投资者的方向变化时投资者出现较大亏损。因此，应对策略的主要内容就是止损，或确定止损条件。一般来说，止损的方法有两类：一类是根据投资者能够或愿意承担的亏损额进行止损；另一类则需根据对行情走势的判断，决定是否止损。前者属于有限亏损止损法，亏损金额与每次动用的资金比例有关（如3%或5%），是普通投资者常用的方法。而后者则需判断行情是否已经逆转，进而决定是否止损。一般来说，除非基本面发生变化，或此前作出判断的依据基础消失，或重要技术指标已经发出了止损信号，否则不做任何反应。这种方法通常适用于企业客户，特别是套期保值客户。

【案例 12－8——应对策略】

2011 年 4 月 21 日，L1109 合约成功地突破了 10 和 20 日均线，并立于 5、10、20、30 日个均线之上。鉴于 L1109 合约调整的幅度已经超过 2000 元/吨，且预期价格可能上涨，因此某投机者决定入场买入 L1109 合约 50 手，成交价为 11950 元/吨。此次交易，投资者准备承受的亏损为 200 元/吨。换句话说，应对方案就是当价格跌破重要支撑位（此案例为 20 日均线）后，在 11750 元/吨上方止损。

L1109 合约于 4 月 25 日冲击 12000 元/吨未果后，开始回落，于 4 月 27 日跌破了 20 日均线，并继续下行。该投资者随即启动应急方案，下达了卖出价为 11750 元/吨的平仓止损指令，并成功止损。

尽管此次投机交易失利，但投资者的损失有限。这主要归功于投资者在入场交易前，制定了相应的应对策略。因此，当风险来临时，投资者可以以较为平和的心态从容应对。事实上，按固定额度或比例进行止损的好处是每次交易的损失有限，且一旦方向正确还可以获得理想的收益。

十一、如何降低增值税发票风险？

当企业参与卖出套期保值交易之后，如果价格不跌反涨，特别是交割结算价可能大大高于企业的卖出成交价时，企业必须采取相应的行动，降低增值税所造成的负面影响，将增值税损失限制在现货盈利的范围之内。换句话说，应满足“增值税部分≤期货成交价－现货成本－持仓费用”。事实上，只有适当地调整交割数量，才能达到调整增值税的效果。这就意味着，交割数量必须受到现货盈利水平的制约。

计算对冲平仓手数的公式如下：

$$X = \frac{0.17 \times J \times N}{1.17} \bigg/ \left(J - K + \frac{0.17 \times J}{1.17}\right)$$

其中，X 为应平仓手数，N 为开仓（持仓）手数，K 为开仓价，J 为交割结算价，并假设平仓价与交割结算价相等。

尽管增值税风险难以预测，但投资者依然可以在最后交易日前通过调整交割头寸的方法，控制套期保值交易的效果。

延伸阅读：

与现货市场上存在风险一样，期货市场也存在各种各样的风险。不同的是，期货市场上的风险，其成因和特征与现货市场上的有所不同。

按国内期货教科书上的说法：期货市场的风险类型可按来源的不同划分为：市场风险、信用风险、流动性风险、操作风险、法律风险。按风险是否可控可划分为：可控风险、不可控风险。按交易环节的不同可划分为：代理风险、交易风险、交割风险。按风险产生的主体可划分：期货交易所风险、期货公司风险、投资者风险、政府风险及监管部门风险。按风险成因可划分为：价格波动风险、杠杆效应风险、非理性投机风险、市场机制不健全风险。

自 测 题

一、单选题

1. 尽管投资(　　)风险，但这种风险大多(　　)，期货投资也不例外。

A. 没有　可控　　B. 伴随　不可控

C. 伴随　可控　　C. 有　很小

2. 期货投资风险属于(　　)。

A. 不可控风险　　B. 可控风险

C. 不可抗力　　D. 小风险

3. 对期货市场风险保持高度警惕的投资者，其自我保护的能力通常(　　)危险意识淡漠者。

A. 弱于　　B. 强于　　C. 等于

4. 只有对期货市场风险有了足够的了解，投资者才能找到(　　)风险的有效方法。

A. 消灭　　B. 放大　　C. 规避

5. (　　)承接了套期保值交易者转移至期货市场的风险。

A. 套期保值者　　B. 套利者　　C. 投机者

二、多选题

1. 期货市场风险属于(　　)。

A. 投资风险　　B. 可控风险

C. 现货市场风险　　D. 不可控风险

2. 关于套期保值交易，说法正确的是(　　)。

A. 现货市场风险，通过套期保值交易，转移到期货市场

B. 套期保值交易是连接期货市场与现货市场的桥梁

C. 现货市场风险，通过投机交易可转移至期货市场

D. 期货市场风险，经由投机者转移至现货市场

3. 关于增值税发票风险，说法正确的是(　　)。

A. 交割环节中出现的风险

B. 发票价格高于实际销售价格带来的风险

C. 对冲平仓导致的风险

D. 投机交易带来的风险

4. 降低期货交易风险的方法有(　　)。

A. 资金管理　　B. 及时止损

C. 增仓　　D. 减仓

三、判断题

1. 现货市场风险，通过套期保值者的对冲交易，进入期货市场。(　　)

2. 杠杆工具放大了投资收益，却没有放大投资风险。(　　)

3. 有一种方法可以降低增值税发票风险。(　　)

4. 提高保证金可以降低长假风险。(　　)

5. 应对策略指的是当价格变动与预期的方向相反时，投资者应该采取的应急对策。 ( )

6. 保证金比例与风险倍数之间存在倒数关系。 ( )

参考答案

一、单选题

1. C 2. B 3. B 4. C 5. C

二、多选题

1. AB 2. AB 3. AB 4. AB

三、判断题

1. √ 2. × 3. √ 4. √ 5. √ 6. √

附　录

附录1

大连商品交易所对LLDPE交割质量标准的规定

1. 技术要求：线型低密度聚乙烯为本色、圆柱状或扁圆状颗粒，粒子的尺寸任意方向上应为2～5毫米，不夹杂金属、机械杂质。线型低密度聚乙烯质量指标应符合下表要求。

线型低密度聚乙烯交割质量指标

测试项目		单位	质量要求
颗粒外观	污染粒子	个/Kg　≤	40
	大粒和小粒	g/Kg　≤	10
熔体流动速率	标称值	g/10min	2.0
	偏　差	g/10min	±0.5
密　度		g/cm^3	[0.915，0.923]
拉伸屈服应力		MPa　≥	8.3
拉伸断裂应力		Mpa　≥	12.0
断裂伸长率		%　≥	500

线型低密度聚乙烯密度标称值位于区间［0.915，0.923］，且产品的密

度与标称值的偏差不超过0.003g/cm³。

2. 试验方法：取样要求按GB/T 6678和GB/T 6679执行；质量指标检验按GB/T 15182执行；标志、包装和贮存；标志：线型低密度聚乙烯包装袋上应印有该产品的标志。标志中包括：商标、产品名称、生产厂名称、产品标准号、产品牌号、批号及净重。

3. 包装：使用原生产厂家或者其认可的包装，袋装产品每袋净重25Kg。包装材料应保证产品在多次运输、码放、贮存时不污染和泄漏，并能防潮、防尘。

4. 贮存：线型低密度聚乙烯应存放在通风、干燥、清洁并有良好消防设施的仓库内，贮存时，应远离热源，防止阳光直接照射，禁止露天堆放。

附录2

我国主要的 LLDPE 牌号

牌号是指某一品种聚烯烃因其分子量、聚合单体数量和种类等不同而赋予产品的某一特定代号，一般一个品种有几十个甚至上百个牌号，以满足加工应用部门的需求。以下是我国塑料工业中的常用牌号。

我国线型低密度聚乙烯 LLDPE 部分牌号介绍

型号	产地	熔指 g/10min	特性及用途
7042	吉化	2	农膜，重包装膜，复合膜料，管材，电线，电缆
7042 粉	吉化	2	农膜，重包装膜，复合膜料，管材，电线，电缆
7042	天津联合	2	通用包装薄膜，食品包装袋，内衬，涂层复合
7085	天津联合	1	地膜；大棚膜；重负荷包装袋；食品袋
7047	大庆石化	1	通用包装膜
7042	大庆石化	2	农膜、包装膜
7050	中原乙烯	1.9～2	薄膜制品各种农膜、地膜、日用包装袋，垃圾袋各种注塑件，薄膜制品，农用小口径排水管材
7042	齐鲁石化	1.7～2.3	薄膜料，主要用于制作地膜、包装袋、食品包装袋，容器里，涂层
FU149M	韩国 SK	1	韧性高，高抗张强度，农用覆盖薄膜，通用薄膜
FV149M	韩国 SK	2	韧性高，高抗张强度，农用覆盖薄膜，通用薄膜
3224	韩国韩华	2	一般包装用薄膜，同大庆 18D

续表

型号	产地	熔指 g/10min	特性及用途
3305	韩国韩华	2	农业用，窄薄膜
218W	沙特阿拉伯 SABIC	2	薄膜级，滑爽剂和抗粘剂含量高，适用于衬里，成衣袋和膜厚低至 12 微米的各类包装，能与 LDPE 共混
1002	新加坡 TPC	2	农膜、包装膜
0218D	加拿大 NOWA	2	薄膜级，滑爽剂和抗粘剂含量高，适合垃圾袋，及其他膜料

我国主要进口牌号

分类	型号	厂商	分类	型号	厂商
HDPE	F600	韩国	LLDPE	218w	沙特
HDPE	9001	韩国/台塑	LLDPE	0218d	加拿大
HDPE	952	沙特阿拉伯	LLDPE	3224	韩国/台塑
HDPE	53ea010	印度	LLDPE	3305	韩国
HDPE	200gg	马来西亚大腾	LLDPE	3305	韩国

附录3

我国高压及低压聚乙烯主要牌号及用途

高压聚乙烯 LDPE 部分牌号介绍

品名	型号	产地	熔指 g/10min	特性及用途
膜级/注塑	1F7B	燕化	7	薄膜，用于生产各种薄膜，农地膜，水果网套
膜级/注塑	LD600	燕化	2	用于农膜、收缩膜、透明膜，层压膜，医用包装，共挤出多层膜，各种包装袋，LLDPE 掺混料
膜级/注塑	LD605	燕化	4.5～7.5	超薄膜，注塑
膜级/注塑	LD100AC	燕化	1.7～2.3	用于农膜、收缩膜、透明膜，层压膜，医用包装，共挤出多层膜，各种包装袋，LLDPE 掺混料，注塑料，动力电缆绝缘硅烷交联，过氧化物交联
膜级/注塑	LD617	燕化	2	用于农膜、收缩膜、透明膜，层压膜，医用包装，共挤出多层膜，各种包装袋，LLDPE 掺混料
膜级/注塑	LD662	燕化	1.9	用于农膜、收缩膜、透明膜，层压膜，医用包装，共挤出多层膜，各种包装袋，LLDPE 掺混料

续表

品名	型号	产地	熔指 g/10min	特性及用途
膜级/注塑	LD165	燕化	0.23～0.43	用于大棚膜，收缩膜、衬里，动力电缆绝缘硅烷交联，通讯电缆外套、吹塑、管材
膜级/注塑	LD160	燕化	3～5	用于衬里、透明膜、层压膜、超薄膜，各种包装袋、铸膜、注塑
膜级/注塑	18D	大庆石化	1.5	通用于各种薄膜，小型制品，同韩国三星530G
膜级/注塑	2102TN26	齐鲁石化	2.1～2.9	通用膜料，适用于制作轻包装膜、农地膜等
膜级/注塑	TN37	齐鲁石化	2.5±0.4	该产品等同于荷兰 DSM 公司的 1523SX 牌号，适用于农膜及包装
膜级/注塑	2100TN00	齐鲁石化	0.25～0.3	重包装膜，收缩膜，大棚膜，电缆料
膜级/注塑	2101TN00	齐鲁石化	0.7～1.0	薄膜料，适用于大棚膜、工业用膜等
膜级/注塑	2102TN00	齐鲁石化	2.1～2.9	适用于制作轻包装膜、发泡片材、电线电缆
膜级/注塑	10803	俄罗斯	2	棚膜，小型注塑产品，发泡产品
膜级/注塑	15803	俄罗斯	2	壁厚为3mm以上的大型制品，如10升以上的容器和一般用途的薄膜及发泡产品
膜级/注塑	5320	韩国韩华	2	薄膜，轻包装膜，同 F222
膜级/注塑	LM1000	韩国 LG	6.09	水果网套
膜级/注塑	FB0300	韩国 LG	3	一般包装用薄膜，同大庆 18D
膜级/注塑	F210－6	新加坡 TPC	2	一般包装薄膜
膜级/注塑	F222	日本宇部	2	一般包装薄膜，复合膜，冷冻膜
膜级/注塑	117A	燕化	7	适用于条件不苛刻的工业、农业和民用注塑品
膜级/注塑	LD615	燕化	12～18	用于注塑，母粒
膜级/注塑	1I2A	燕化	2	注塑级，管材，板材，吹塑
涂层	1C7A	燕化	7	涂层，涂覆纺织袋
花料	1I50A	燕化	50	人造花，盆景

低压聚乙烯 HDPE 部分牌号介绍

品名	型号	产地	熔指 g/10min	特性及用途
拉丝级	5000S	大庆石化	0.9	挤出成型，适用机械强度高的绳索和阀用单丝
拉丝级	5000S	兰化	0.9	机械强度高，可用于绳索和网用单丝，而且可用于中空制品、管材等
拉丝级	5000S	燕化	0.9	包装膜，网，绳
拉丝级	5000S	韩国湖南	0.9	一般用品和工业品，单丝绳，渔网线袋
拉丝级	E308	大韩油化	0.9	适合带、单丝和渔网
拉丝级	E808	日本	0.9	适合带、单丝和渔网
拉丝级	19C	抚顺乙烯	1	鱼网丝、背心袋、绳、小中空容器
拉丝级	Y910A	韩国三星	1	一般用品和工业品，单丝绳，渔网线袋
注塑级	2908	抚顺乙烯	8	注塑成型，家具，一般容器，周转箱，托盘，安全帽，日用品等
注塑级	2909	抚顺乙烯	12	注塑成型，家具，一般容器，周转箱，托盘，安全帽，日用品等
注塑级	2911	抚顺乙烯	20	注塑成型，家具，一般容器，周转箱，托盘，安全帽，日用品等
注塑级	6070	独山子	6.5～8	用于注塑料，制鱼箱，板条箱，周转箱
注塑级	5070	辽宁华锦	6～8	用于注塑料，制鱼箱，板条箱，周转箱
注塑级	1600J	燕化	18	家用器具，日用品
注塑级	2200J	韩国湖南	5	高硬度和冲击强度，耐吹性，大型条极箱，一般工业配件装运周转箱
注塑级	5218	独山子	16～20	注塑成型，家具，一般容器，周转箱，托盘，安全帽，日用品等
注塑级	ME9180	韩国 LG	18	一般家用产品，大型成型品，工业用零件，一次性产品，搬运箱等
中空吹塑	6098	齐鲁石化	9.0～13.0	薄膜，具有分子量分布宽，用于购物袋，杂货袋，多层衬里膜，耐候膜

续表

品名	型号	产地	熔指 g/10min	特性及用途
中空吹塑	5135C	抚顺乙烯	0.33	煤气管，波纹管
中空吹塑	5200B	燕化	0.35	吹塑，容器，大型玩具，漂浮物
膜料	7000F	燕化	0.04	挤塑，大棚膜，商品袋
膜料	TR144	韩国大林	0.18	购物袋，杂货袋
膜料	640UF	日本出光	0.04	适用于家业用薄膜，一般包装薄膜和购物袋
膜料	8800	韩国 SK	0.04	适用于家业用薄膜，一般包装薄膜和购物袋
膜料	F600	大韩油化	0.05	适用于家业用薄膜，一般包装薄膜和购物袋

附录4

我国聚乙烯进出口税率调整历程

根据我国加入世界贸易组织承诺的关税减让义务，我国已经屡次对进口关税进行了调整。

1. 经国务院批准，《中华人民共和国进出口税则》的税目、税率自2007年1月1日起进行调整。降低“进口税则”中聚乙烯等44个税目的最惠国税率，其余税目的最惠国税率维持不变。初级形状比重<0.94的聚乙烯（税则号39011000），2007年最惠国税率将由2006年的9.1%降至7.8%；初级形状比重≥0.94的聚乙烯（税则号39012000），2007年最惠国税率将由2006年的9.1%降至7.8%。

2. 经国务院关税税则委员会第十次全体会议审议通过，《2008年关税实施方案》自2008年1月1日起实施。方案规定降低“进口税则”中聚乙烯等45个税目的最惠国税率，其余税目的最惠国税率维持不变。中国PE进口关税普遍下调至6.5%。同时，亚太贸易协定成员国享有的优惠税率也有所调整，LDPE（税则号39011000）、HDPE（税则号39012000）的税率均为6.0%；而LLDPE（税则号39019020）的亚太贸易协定税率为6.5%。亚太贸易协定成员国包括：中国、韩国、印度、斯里兰卡、孟加拉国和老挝。

附录5

我国塑料行业出口退税调整

2008年10月21日，财政部、国家税务总局发出《关于提高部分商品出口退税率的通知》（财税［2008］138号），明确自11月1日起，将部分塑料制品的增值税出口退税率提高到9%。届时，中国的出口退税率将分为5%、9%、11%、13%、14%和17%六档。

2009年6月，财政部、国家税务总局《关于进一步提高部分商品出口退税率的通知》（财税［2009］88号）出台，本轮调整是我国2009年第3次上调出口退税率，也是自应对国际金融危机以来的第7次上调。主要涉及我国优势产品、劳动密集型产品、高技术含量产品和深加工在内的产品共计2600多个10位税号商品。涉及塑料行业的是，文件规定自6月1日起，将部分塑料由11%提高到13%。

2010年6月22日，财政部和国家税务总局公布《关于取消部分商品出口退税的通知》，自2010年7月15日起，我国将取消406种商品的出口退税。其中涉及的塑料产品包括乙烯聚合物的废碎料及下脚料、苯乙烯聚合物的废碎料及下脚料、氯乙烯聚合物的废碎料及下脚料、聚对苯二甲酸乙二酯废碎料及下脚料、其他塑料的废碎料及下脚料。

附录6

国际塑料期货市场情况简介

聚乙烯是一个在国外和国内交易所分别上市的期货品种。聚乙烯曾在伦敦的伦敦金属交易所（LME）和印度大综商品（MCX）交易所上市交易，目前虽然已经摘牌停止交易，但对其合约设计、交易方式进行适当了解，仍然不无裨益。另外，迪拜黄金和商品交易所（DGCX）也曾于2007年6月宣布计划推出线型低密度聚乙烯合约，且合约设计已经完成。由于多方面原因，到本书完稿时为止，DGCX的塑料期货仍然没有挂牌上市。

伦敦金属交易所曾经推出的3月合约是一种滚动合约（即每个交易日都有一个新合约上市和老合约到期）。企业可以较为方便地选择特定到期日的期货合约，与其现货头寸进行准确对冲。例如，某LLDPE生产企业的销售部门，可以在签订销售合同的当天，卖出相应数量的期货合约，锁定销售利润。而合约的选择只需考虑该合约的到期日与合同规定的交货日期一致。事实上，为了方便投资者，伦敦金属交易所还曾提供一种用于调整到期日的方法。企业可以根据实际情况，较为方便地调整持仓的到期日。

伦敦金属交易所的LLDPE期货合约介绍如下：

线型低密度聚乙烯合约

合约及其类型	线型低密度聚乙烯分全球合约和地区合约两类 （1）全球合约 LL；（2）北美合约 LN；（3）欧洲合约 LE；（4）亚洲合约 LA
合约规格	24.75 吨/手
交易时间	电子交易时段：伦敦时间 1：00～19：00 办公室间电话交易时段：24 小时
币种	主要交易货币为美元。一旦交易，可以用美元、日元、欧元和英镑进行结算和清算
最小变动价位	电子平台：（1）Outright：0.25 美元；（2）Carries：0.01 美元 办公室间电话系统：（1）Outright：0.01 美元；（2）Carries：0.01 美元
合约	日合约：到期日为 3 个月的合约，以滚动方式挂牌上市。结算在 2 天内完成。TOM 结算以滚动方式在 1 天内完成 周合约：到期日为 3～6 个月之间的合约，每周三挂牌上市 月合约：到期日从 7～15 个月的合约称之为“月合约”，每月的第三个星期三挂牌上市
升贴水	可交割品的定价（升贴水）将在交割库依据卖方选择的品牌和交割库所在地确定
每日官方价和结算价	每日公布 PP 和 LL 现货官方价，和每个合约的月 1 和月 2 的价格。官方价以电子平台每天 12：20～12：25 时段的交易，经成交量加权平均计算得出。而结算价则以每一天的官方价，经成交量加权平均得出。结算所（LCH. Clearnet）根据该结算价对合约的盈亏进行结算。所有伦敦金属交易所价格都以美元标记
收盘价	每日收盘价以贯穿整个交易日的成交、出价、报价为基础，强调接近 16：30 收盘时交易的影响，并为每一个合约形成到期日价格。伦敦金属交易所在每一交易日收盘时公布收盘价。当收盘后需要调整保证金时，结算所将以该收盘价为依据进行调整
结算和保证金	所有合约都通过 LCH. Clearnet 进行结算，和收取保证金
到期日	对于所有的伦敦金属交易所期货合约，伦敦金属交易所都会在美国和英国的工作日内，给出 3 月合约的报价。这使用户能够以准确的日期对冲其敞口。LME 期货合约的交割或结算日称之为“到期日”。每一到期日的结算价，将在到期日之前的两个交易日内形成。例如，到期日为 6 月 23 日的期货合约的结算价，将在 6 月 21 日的 12：20～12：25 的定价期结束之后产生。该价格将成为 21 日的官方现货价

续表

交割	对于交割，伦敦金属交易所制定了一套标准的交割程序和文件，并纳入了伦敦金属交易所的规则手册。交割可以在结算日，将仓单以电子转移的方式，通过LME's SWORD 系统，实现从卖方向买方的转移。卖方有选择品牌和交割地点的权利
交割品包装	交割品包装以 55lb/25kg 为一袋，每 55 袋堆放在一个货位上，且每个货位都有仓单（PW）与之对应。每个货位的货物只能由一个品牌组成
证明文件	在伦敦金属交易所交割仓库中，每一袋重 25 公斤的货物都与一份证明文件（PW）与之对应。一旦该 PW 文件被认可接受，且包装目测合格，伦敦金属交易所交割库将指示其在伦敦的机构，通过 LME's SWORD 系统生成相应的仓单。符合交割条件的交割品将被设定标记，并可以用于交割，有效期长达 11 个月。卖方有选择用哪些仓单交割的权利，但必须保证仓单有效
交割等级	通用吹塑薄膜和混合等级线型低密度聚乙烯，熔体流动速率：0.8
交割地点	（1）北美：休斯顿/巴吞鲁日/Mobile；（2）安特卫普/鹿特丹；（3）新加坡/韩国光阳/马来西亚丹戎帕拉帕斯港
塑料仓单的交割限制	全球合约：作为 LL 仓单的塑料仓单（PWs）都保留在 LME's SWORD 系统内，且所有的 LL 仓单都可以用于 LL 全球合约的交割 北美合约：只有北美持有的 LN 仓单才可以用于 LN 合约的交割 欧洲合约：只有欧洲持有的 LN 仓单才可以用于 LE 合约的交割 亚洲合约：只有亚洲持有的 LA 仓单才可以用于 LN 合约的交割
仲裁	未解决的争议，可以通过伦敦金属交易所争议仲裁程序进行仲裁，或者经各方同意提请其他机构仲裁
法律/法规	英国法律，与伦敦金属交易所和英国金融监管局制定的法规

说明：请参考伦敦金属交易所规则手册和伦敦金属交易所塑料合约的相关规定。

附录7

伦敦金属交易所的聚丙烯（PP）合约和线型低密度聚乙烯（LL）合约的“交割日系统”

伦敦金属交易所的 PP 和 LLDPE 期货合约于 2007 年 6 月 25 日开始投入商业交易。北美、欧洲和亚洲合约的交割，通常限制在本地区的交割仓库内。简单地说，伦敦金属交易所的北美 PP 期货合约进行交割时，买方收到的是位于休斯顿或者 Baton Rouge 交割仓库的仓单；欧洲合约的买方收到的是位于阿姆斯特丹或者 Antwerp 交割仓库的仓单；亚洲合约的买方收到的是新加坡注册的品牌。

外界知之甚少的是伦敦金属交易所初次挂牌的 PP 合约和 LL 合约。本文对此类合约的交割日系统进行了描述，并对交割日系统如何在塑料交割、现货定价和对冲操作等方面发挥作用进行了描述（注：由于上述合约仅仅涉及塑料，下文谈到的塑料期货合约即是伦敦金属交易所的 PP 合约和 LL 合约，也就是所谓的分区合约，与伦敦金属交易所的传统合约有所不同）。

什么是“交割日”

交割日是指期货合约的买方支付货款和收到树脂仓单的日期，这些仓单符合伦敦金属交易所的交割标准。对于期货合约卖方来说，交割日就是交出仓单和收取货款的日子。

然而，实际交割的合约数量很少。对于买方和卖出方来说，交割日是与经纪人交换现货并对买卖差价进行结算的日子。

伦敦金属交易所提供的 PP 和 LLDPE 期货合约之中，即期至 3 个月合约的交割日覆盖了所有工作日（即每个工作日都可以进行交割）；4～6 个月合约的交割日为每一个星期的星期三；7～15 个月合约的交割日为每个月的第三个星期三；上述合约于今年的 6 月下旬开始交易，伦敦金属交易所同时将原来的“树脂合约”改为相同到期日的“分区合约”。此外，伦敦金属交易所的会员还提供了 OTC 合约（包括远期或者互换合约），其交割日超过了 15 个月的期限，这个期限也是伦敦金属交易所提供结算的（最大）期限。正如下表所述，伦敦金属交易所的交割日系统是一个混合体，包括即期至 3 个月的滚动合约，和交割日超过 3 个月的合约。

不同期限期货合约的交割日

即期（未来两天）到 3 个月的期货合约	每一个工作日
4～6 个月的期货和约	每一个星期三
7～15 个月的期货合约	每个月的第三个星期三

在到期转为即期合约之前，第三个星期三依然作为 15 个月的期货合约进行交易。因而其交易量和持仓量都非常大，且流动性良好。对于金属合约来说，（从给定交易日起算的）交割日为 3 个月的合约是一个非常重要的合约。该合约的买卖会导致仓位频繁发生变化，向不同的交割日滚动移仓。但在朔料市场上，约定却有所不同。事实上，如果即期合约在交割日能够成功的移仓，这就意味着：交易员可以妥善处理即期合约，将到期日调整到所需的远期交割日。

可以将交割日系统看成一个合成体，由其他交易所（如 NYMEX 交易所）挂牌的逐月合约与上述的分区合约集合而成。然而，滚动即期合约的过程，和合约到期的表现形式都极具特点，尤其适宜企业的参与。

下列各部分将对上述特点进行讨论。

“交割日”系统改善基准价格的定价过程

伦敦金属交易所的大多数“树脂期货”近月合约都在最后交易日到期，

但交割却发生在随后一个月的第三个星期三。这就意味着：任何一个特定的伦敦金属交易所合约开始变为近月或即期合约时，其距实际交割日最多长达50天之久，且到合约到期时，距交割日还有多达20天。由于“即期聚酯价”被理解为“两日交货价”，因此，原来的伦敦金属交易所“逐月期货合约”缺乏精确的现货对应价。在未来15～50天临近交割日之时，一种称之为“调节窗口”的机制，使得在“交割价”和“近月期货价”之间能够进行调整，并可以借助“远期价格曲线”对其差异做出解释。当时间升水或者远期升水出现时，伦敦金属交易所的近月和即期合约将在高于现货价升水的条件下进行交易；而在延期交割，或者出现远期贴水时，伦敦金属交易所近月合约将在低于现货价的情况下进行交易。

“交割日系统”的引入与“分区树脂合约”的出台，首次使“现货价格”可以在交易所内使用。为替代不断变化的到期日，“伦敦金属交易所现货价”具有为期两天的固定到期期限，从给定的交易日向前推算。从而在“伦敦金属交易所现货价”与“现货树脂贸易商所观察到的现货价”之间建立了一种直接的对应关系。此外，这种价格发现的方法为所有参与者以及观察人士提供了透明性。交易的监管，则由监管机构在不同的层面上展开。与通过普查评估价格的方法相比，这种价格较为真实，且适用。此外，所有的迹象表明：对于公布树脂现货价来说，伦敦金属交易所分区现货价是一种值得信赖的选择。这种现货价格的实用性非常重要，一些重要的树脂投资机构将此作为参与市场开拓的条件之一。

这种发展的结果是，伦敦金属交易所的现货价将对实际交割价进行追踪，且不会因为远期价格曲线的变化，产生明显的评估差异。除了“分区PP和LLDPE合约”预期有利于降低风险之外，即期价格的有效性还有利于将伦敦金属交易所作为现货贸易的参考价，以及生产商和加工商之间长期供应合同的参考价。此外，那些曾经拒绝根据“逐月合约系统”进行交易的公司，最近已经打算加入承认伦敦金属交易所现货价可行的行列。

交割日系统简化交割的处理过程

在即期合约与3个月合约到期之间，存在60多种不同的交割日。对于有意进行实物交割的卖出方，可以卖出期货合约，而该合约具有准确的释放仓单的时间和收取货款的时间。事实上，如果能够估算出仓单注册所花费的时间，而且是为了交割而卖出期货合约，那么就可以通过同时卖出近期交割的头寸，并买入“原始标准交割日”头寸，实现了实物出借。这就是实物和即期合约的交换过程。

对于大多数其他商品期货合约来说，卖家并不在意交割期超过 30 天以上的交割意向。这就意味着：对于等待交货的期货买家来说，何时可以收到实物明显具有不确定性。与此不同，伦敦金属交易所的分区合约的交割日系统对合约的买方提供了担保，确保买方可以在指定的交割日收到仓单。这就使得买方能够安排出库时间，或者提前与供货方进行协商，提高了工作效率。

交割日系统有利于精确的对冲风险

在套期保值的舞台上，风险管理人员始终因循守旧，一直通过点价进而清算持有的套保头寸。例如，在伦敦金属交易所，在特定价位买入的套保方，可能在点价的那一刻卖出平仓。如果持有头寸的到期日与点价的时间不符，即使平仓的瞬间与点价的时间一致，但如果套保头寸的到期时间和点价时间不一致，也将产生意想不到的效果。

“固定价格买入”套期保值

树脂用户欲根据预算锁定未来买入树脂现货的成本。

- 情形：

——6 月份，一个欧洲加工商在计算了可接受的销售成本之后，设定了年度企业的树脂成本标准。

——目前，该加工商欲为 8 月 6 日进行点价的树脂期货价锁定价格。

6 月份 LME 价：价格 =1200 美元/吨

8 月 8 日交割的伦敦金属交易所 07 合约价格 =1200 美元/吨

- 策略：

——6 月份，以 1200 美元/吨的价格买入 8 月 8 日交割的 07LME 欧洲 LLDPE 期货合约。

——到 8 月 6 日，当买入树脂现货/点价时，卖出 8 月 8 日交割的 07

合约。

交割日系统的巧妙之处就在于：在伦敦金属交易所，当预期要进行点价时，套保方可以对资金的处理作出安排，以使资金的处理时间成为交割时间，并与预期点价的时间准确一致。如果某计划于星期一（8月6日）进行点价的投资者，想满足其期货价格的要求，那么他应该买入交割日为星期三（8月8日）的合约。到了8月6日的时候，套保者卖出即期伦敦金属交易所合约，并从供货商处买入树脂。由于现货与期货到期时间完全匹配，实现了完美的套期保值操作。

结 论

总而言之，对于伦敦金属交易所树脂期货的重大改进，也就是前面讨论的交割日系统和三个分区合约，似乎指出了第一代PP和LLDPE期货合约的不足之处。当新合约即将上市的时候，我们也在征询管理人的意见（认为树脂价格的波动仍然至关重要的那些人们），且他们认为这种创新将受到舆论和实践的考验。我们预期，6月25日合约上市之后的几个月内，创新可能引发业内人士的广泛参与。

附录8

大连商品交易所线型低密度聚乙烯指定交割仓库业务联系表

大连商品交易所线型低密度聚乙烯指定交割仓库业务联系表

序号	交割仓库名称	地址	邮编	联系人	电话	装运站	交割专区	基准库/非基准库	与基准库升贴水（元/吨）
1	天津全程物流配送有限公司	天津市东丽区华明镇华粮道2298号	300300	马文涛	022－84828862 022－84828553（F） 15620035893	铁路：京局大毕庄站	本库房	非基准库	0
2	天津开发区泰达公共保税仓有限公司	天津经济技术开发区渤海路39号	300457	杜宇	022－59858176 022－62008100 13702054317	铁路：天津开发区站	本库房	非基准库	0
3	青州中储物流有限公司	山东省青州市玲珑山北路638号	262500	唐元林	0536－3292571 0536－3292056（F） 13563679116	铁路：青州市站	本库房	非基准库	0

续表

序号	交割仓库名称	地址	邮编	联系人	电话	装运站	交割专区	基准库/非基准库	与基准库升贴水（元/吨）
4	中储发展股份有限公司	上海市宝山区南大路257号	200436	王忠良	021－51621983 13331955737	铁路：上海桃浦站	本库房	基准库	0
		上海市浦东新区仁庆路200号	201201	刘莺	021－68916778 13621876102 021－68918099（F）	铁路：上海南站	本库房	基准库	0
		天津市北辰区南仓道	300400	杨丰磊	022－86563406 022－86563344（F） 13512441399	铁路：（京）南仓站	本库房	非基准库	0
5	上海长桥物流有限公司	上海市徐汇区老沪闵路1070号	200237	吴启凤	021－64106734 021－64109154（F） 13331995379	铁路：上海南浦站	本库房	基准库	0
6	国家物资储备局浙江八三七处	浙江省宁波市镇海区大通路331号	315200	高芳	0574－86378767 13566523632 0574－86370854（F）	铁路：宁波庄桥站（上）	本库房	基准库	0
7	中国物资储运广州公司	广州市黄埔区黄埔东路268号怡港大厦A座905－910室	510700	陈日玲	020－82299020 13826216834 020－82290581（F）	铁路：广州下元站	本库房	非基准库	0

续表

序号	交割仓库名称	地址	邮编	联系人	电话	装运站	交割专区	基准库/非基准库	与基准库升贴水（元/吨）
8	南储仓储管理有限公司	佛山市禅城区佛罗公路166号	528000	李俊斌	0757－88015023 0757－88015022（F） 13630136000	铁路：街边站	本库房	非基准库	0
9	宁波保税区高新货柜有限公司	宁波保税区东区兴业四路2号	315800	孙亚尔	0574－86820043 0574－86884204（F） 13065654204	铁路：宁波庄桥站	本库房	基准库	0
10	上海安石仓储管理有限公司	上海市虹口区曲阳路900号3号楼211室	200122	鲍俐娜	021－61806025 021－61806026（F） 13671698424	铁路：杨行站	本库房	基准库	0
11	浙江省国际贸易集团物流有限公司	杭州市体育场路229号	310003	金方云	0571－85779792 0571－85779652（F） 13805726904	铁路：杭州北	本库房	基准库	0
12	浙江尖峰国际贸易有限公司	浙江金东经济开发区B区	32100	汤正仁	0579－82382768 0579－82398390（F） 13757965528	铁路：义乌站或塘雅站	本库房	基准库	0

续表

序号	交割仓库名称	地址	邮编	联系人	电话	装运站	交割专区	基准库/非基准库	与基准库升贴水（元/吨）
13	广州市川金路物流有限公司	广东省广州市萝岗区开发大道1330号综合楼101－102房	510730	邓凡林	020－32287605（F）13533679812	铁路：下元站	本库房	非基准库	0

后　记

本书是一本普及性读物，主要阅读对象为期货投资者，包括广大个人投资者和企业投资者。作为《期货投资者教育系列丛书》中的一本，本书遵循基础性、通俗性、实用性和规范性原则，力图用通俗易懂的语言和案例说明问题，并尽量避免深奥的理论性介绍。

本书借助大量的案例，采用通俗易懂的语言，针对 LLDPE 的生产、经营、消费等环节的不同情况，着重介绍了普通投资者和企业应如何参与期货交易、如何利用期货工具规避风险、如何利用期货市场改善企业的经营效果等内容。

除了满足普通投资者的阅读要求之外，本书还对企业和机构投资者较为关注的 LLDPE 的市场特点和产业链中的价格传导等内容进行了阐述。书中有关市场特点的分析方法同样适用于其他石化品种，而产业链中的价格传导不仅适用于 LLDPE 的操作，也适用于其他石化中间体。

本书第九章还专门介绍了如何通过研究分析制订投资方案，并给出了一个完整的"LLDPE 春季套期保值方案"。这部分内容主要适用于机构投资者，包括企业和基金投资者。普通投资者阅读这一章时可能会有些困难，也可以将本章内容跳过去，继续读其他章节，这样也不影响对其他内容的理解。

需要说明的是，"期市有风险，入市需谨慎"！控制风险是期货市场的首要原则。

作为《期货投资者教育系列丛书》之一，本书由中国期货业协会组织编写，具体编写人员通过公开遴选，并经专家评审最终确定。南华期货有限公司杨光明、史明珠、卢惠丽承担了本书的具体编写任务。大连商品交易所张英军、陈锐刚、郝京一、王国栋、赵宇生同志对书稿进行了审阅并提出了宝贵建议。本书在编写过程中得到了中国证监会投资者教育办公室、期货二部、大连商品交易所、南华期货有限公司等领导的指导和帮助，还得到了南华期货研究所的大力支持。在此表示衷心感谢，书中的错误或不足之处，敬请批评指正。

中国期货业协会
《期货投资者教育系列丛书》编委会
2011 年 10 月 27 日